目次
*
Contents

第1章　多読に向けての基本知識……9

《心の準備》

自分の理解力にあった本を選ぶ／日本語で楽しんでいる種類の本を選ぶ／50ページのルールを守る／文法的な分析をしない／辞書を使いすぎない／単語の意味を推測する手がかり／絶対に覚えるべき単語／登場人物の整理／会話の前後に使う動詞

《英文小説の文章の基本常識》

一人称 vs. 三人称／過去形 vs. 現在形／引用符（クォーテーションマーク）／コンマ／文法どおりではない文／大文字／イタリック体（斜字体）／読者との会話？／奇妙な表現

Column 1　動詞として使われる名詞……39
Column 2　習慣と伝統……41
Column 3　動詞として使われる名詞（動物）……44

第2章　日本人にとってわかりにくい英語……47

英語の宗教的基盤／航海用語を用いた表現／スポーツ用語・ゲーム用語を用いた表現／よく使われている省略版のことわざ・格言

Column 4　癖やしぐさ……125
Column 5　動詞として使われる名詞（身体の部

楽しく習得！英語多読法

クリストファー・ベルトン　Christopher Belton
渡辺順子［訳］Watanabe Junko

　　　　　　　分）……127

Column 6　隠喩と直喩……129

第3章　ジャンル別 英文小説の読み方……132

犯人（探偵）との勝負だ！（ミステリ）

　犯罪捜査、裁判の語彙／舞台となる場所に関わる語彙

　　♪おすすめの本　*All Dressed in White*（Mary Higgins and Alafair Burke）etc.

ハラハラ、ドキドキ（サスペンス、スリラー）

　　♪おすすめの本　*Ashley Bell*（Dean Koontz）etc.

さあ、冒険に出よう！（アクション小説・冒険小説）

　　♪おすすめの本　*Black Sea Affair*（Don Brown）etc.

ハイテクな展開がたまらない！（テクノスリラー）

　　♪おすすめの本　*Breakthrough*（Michael C. Grumley）etc.

サイエンスの入り口へ（SF）

　　♪おすすめの本　*Crimes Against Magic*（Steve McHugh）etc.

恐怖との闘い（ホラー）
　　♪おすすめの本
　　Abandon（Blake Crouch）etc.
想像力を養う（ファンタジー）
　　♪おすすめの本
　　A Shade of Dragon（Bella Forrest）etc.
過去への旅を快適に（歴史小説）
　　♪おすすめの本　*Agincourt*（Bernard Cornwell）etc.
プロフェッショナルってカッコいい！（警察小説）
　　♪おすすめの本　*A Great Deliverance*（Elizabeth George）etc.
恋とはどんなものかしら？（恋愛小説）
　　♪おすすめの本　*Bad Boy's Baby*（Sosie Frost）etc.
青春時代を忘れたくない（ヤングアダルト）
　　♪おすすめの本　*Before Goodbye*（Mimi Cross）etc.
世界を知るために（ノンフィクション）
　　♪おすすめの本　*Boys in the Trees*（Carly Simon）etc.
Column 7　動詞として使われる名詞（オフィスの備品）……195

Column 8　慣用句……197

第4章 生きている間にぜひ読みたい英語の小説 100 冊……200

Column 9　献辞……230

Column 10　アメリカ英語 vs. イギリス英語……233

あとがき……235

第1章　多読に向けての基本知識

　英語に堪能になるための道のりは長く、努力を要します。時間がかかるだけでなく、熱心に取り組まなければなりません。けれどもこれは、多大な時間と労力の必要なほかの趣味にも言えることです。音楽、美術、スポーツなど、あなたの興味が何に向けられているにしても、それを始めるときには、これから先何年も練習や研究を積み重ねなければならないこと、一生かけても完全の域に到達できるとは限らないことを承知しているでしょう。

　でも、だからといって誰がそれを気にするでしょうか。趣味に関していえば、楽しみは目的に到達することにあるのではなく、そこに達するまでの過程にあるのではないでしょうか。

　誰もがご存じのように、英語が堪能であるということは、「聴く」「話す」「読む」「書く」の4つがよくできるということです。この4つはどれも大切であり、このうちのどれかが優れていれば、ほかの技能を学ぶのも容易になるでしょう。しかし英語のネイティブスピーカーならばこれらの4つすべてをマスターすることが求められているのに対し、英語を外国語として学んでいる人は、このうちのひとつ、あるいはいくつか

が得意であれば、ふつうは事が足りるはずです。たとえば映画を英語で楽しみたいという目的ならば、「聴く」に力を入れるべきでしょう。けれどもこの4つの技能を、ノンネイティブにとって重要な順に並べるとしたら、私の場合はまちがいなく「読む」を最上位にあげます。その理由は言うまでもありません。ほかの3つの技能を学ぶテキストブックがあっても、それを読むことができなければ役に立たないからです。また、言葉の綴りが目を通して脳に刻みこまれれば、語彙を増やすことが容易になるからです。

　英語で書かれた本を原書で読めば、楽しみながら無理なく語彙を増やし、英語の日常的な使い方に親しむことができます。小説の最初のページを開けば、そこは英語のみが話されている世界。心地よくソファにすわったまま、英語圏で過ごす時間を疑似体験できるのです。小説はまた、ネイティブの子どもたちが英語に出会うのと同じような形で、英語に出会わせてくれます。つまり、文法を学んだり文型を覚えたりすることによってではなく、「実際」の体験を通して、英語に出会うことができるのです。最初は難しく感じられるかもしれませんが、読んでいくうちに、物語の状況から情報を集めることができるようになるでしょう。これこそが、学習に不可欠なことなのです。

　文学を読むことによって英語力をつけるときに最も大切なのは、その過程を楽しむことです。読書を「勉

強」ではなく「趣味」と位置づけることができるようになれば、いつのまにか英語が飛躍的に上達していることに気づくでしょう。はじめのうちは進歩がゆっくりかもしれませんが、読めば読むほど英語力がついていきます。ですから鍵となるのは「忍耐」です。

　本書は、英語をすでに何年か学んできた人、英語の読解力がある程度身についている学習者を対象としています。したがって、英語の本をどうやって実際に読むかというアドバイスだけでなく、英語の読書力を磨くためのアドバイスを提供しています。つまりここに書いたことは、英語の本を初めて手にとる人も何百冊も読んだことのある人も知っておくべきことですので、幅広い読者の役に立つでしょう。

　本書はそれぞれの目的を持つ4つの章で構成されています。この第1章はリフレッシャー・コースのようなもので、英語の小説へのアプローチの方法とその読み方の基本についての情報を提供しています。実際に本を読むときに参照するのもよいでしょう。第2章では、英語やその文化に関して、日本人の読者が理解しにくいと思われることを取り上げました。英語の小説にたびたび登場するキリスト教の語彙や表現などのほか、よく使われる慣用句、隠喩、スラング、省略版のことわざ・格言を説明し、動詞ししてよく使われる名詞のリストも載せています。第3章ではジャンル別の小説の読み方を説明し、ジャンルごとにおすすめの本

を紹介しました。第4章は、ネイティブスピーカーが選んだ絶対に読むべき小説100冊のリストです。ここにあげた本の多くは、ノンネイティブにとってかなり手ごわい本かもしれませんが、ネイティブがどのような本を名作とみなしているのかを知ることができますし、英語の読書力と自信をつけたいという気持ちをかきたててくれるのではないでしょうか。

　しかし、まずは英語を読むためのいくつかのアドバイスから始めましょう。作家たちが用いている文章の書き方の決まりごとを除けば、以下のアドバイスは読書についての一般的な指南にすぎず、誰にでも当てはまるというわけではありません。言うまでもなく、読書を重ねるうちに、誰でも自分独自の読書のスタイルを身につけていくものです。したがって、以下のアドバイスのうち自分には当てはまらないと思うものがあれば、そこは遠慮なく飛ばし、ご自分のスタイルを用いてください。

《心の準備》
自分の理解力にあった本を選ぶ
　私は個人的には、学習の進度を早めるために自分の能力より少し上の本を読むことが時には有効だと考えていますが、趣味として小説を読むのであれば、自分の能力以上の本はおそらく避けたほうがよいでしょう。学習の過程を楽しむことがとても重要なのです。難し

すぎる本を選んでしまうと必死になって読まなければならず、楽しさが減ってしまうかもしれません。一方、できる限り早く英語力をつけたいと考えているならば、そして多少の労力はいとわないというならば、自分のレベルより少し上の本に挑戦してみるのもよいでしょう。英語で小説を読むときにいちばん気をつけるべきことは、もちろん途中で投げ出さないようにすることです。したがって、まずは自分のレベルにあった本を選び、それを読み終えたら少しレベルの上の本を選んで、読めるかどうか試してみましょう。そしてもしも難しすぎるようなら、その本は脇において元のレベルに戻りましょう。だからといって本が無駄になるわけではありません。いずれもっと英語の読書力がついたときには、苦もなくその本が読めるようになるでしょうから。

日本語で楽しんでいる種類の本を選ぶ

　普段から日本語で楽しんでいる種類の本だけを読みましょう。たとえば、日本語でファンタジーの本を読まないのなら、英語でもそのジャンルの本は選ばないほうがよいでしょう。

　もうひとつの方法として、自分の親しんでいる本から読みはじめるという方法があります。たとえぼんやりとではあっても、あらかじめ物語が頭に入っていれば、ふつうより早く物語のイメージを思い描くことが

でき、どんどん読み進むことができます。物語の設定や場面を覚えていれば、状況から多くの情報を得ることができるからです。この場合、親しんでいる本には次の3つのタイプがあります。1）日本語訳があり、過去にそれを読んだことのある英語の本。2）読んだことのある日本語の本で英訳されている本。3）見たことのある映画やテレビドラマのノベライズされた本。

50ページのルールを守る

「50ページのルール」とは、その先を読み進めるかどうか決めるまでに少なくとも50ページは読んでみる、ということです。ただしこのルールは、ネイティブスピーカーが読むおとなの小説に関して言われていることであり、そのような小説はたいてい300ページか400ページ以上あります。したがって、おそらく「20％のルール」としたほうが現実的でしょう。つまり、ある本になかなか入りこめない場合、その本の少なくとも20％を読むまでは諦めないということです。それでもなお興味が持てない場合は、その本はやめにして別の本に挑戦しましょう。

文法的な分析をしない

小説に会話文として登場する話し言葉は、必ずしも文法を守ってはいません。また、作家たちは地の文を魅力的にするために、文法を無視することもよくあり

ます。したがって、自分の読んでいる文を学校で習った文法の枠組みにはめこもうとしても、そう簡単にはいきませんし、多くの場合は時間の無駄にしかなりません。自分の読んだものを正しいものとしてそのまま受け入れ、もしもその文の仕組みがわからなかったとしても、気にしないようにしましょう。

　英語を学ぶうえであなたの脳が語りかけてくることを受け入れることはとても重要ですが、その後さらに情報が入ってきたときに、自分の意見を更新する能力を保ち続けることはもっと重要です。時には、これまで学んできたことと合致しない文や表現に出会うことがあるでしょう。それでも、そこで語られていることの主旨さえ理解しようとすれば、なんの問題もありません。英語は生きた言語であり、絶えず進化しています。そして作家たちが用いる書き方のスタイルもさまざまです。とりわけ会話文は、時代による流行やスラングなどの影響を受けやすく、文法に沿っていることは滅多にありません。

　この一例としてあげられるのは、言葉の省略です。これは英語の話し言葉では非常によく見られるものであり、文法に沿っているとは言えないものの、それ自体まちがっているわけではありません。小説を読んでいるときに、たとえば次のような文に出会うかもしれません。

'Going to tonight's party?'
'Hate it when that happens.'
'Lousy weather.'
文法に沿った形では、もちろん次のようになります。
'Are you going to tonight's party?' 「今晩のパーティーに行くの？」
'I hate it when that happens.' 「そういうのって嫌だな」
'It's lousy weather.' 「ひどい天気だ」

これらの文は、ネイティブスピーカーのあいだではまったくなんの問題もない、正しい英語です。これはどの言語でも言えることでしょう。

もしもあなたが日本語を学んだのと同じように英語を学べるようになれば、ずっと楽に学べると感じるでしょう。つまり、すべてについて論理的な説明を求めるのではなく、ものごとを子どものように受け入れることができるように、心を柔軟にする訓練をするのです。よく意味のわからないイディオムや妙な構文に何度か出会ううちに、あなたの脳は自動的にそれを認識し、理解するようになっていくでしょう。

辞書を使いすぎない

もしも意味のわからない単語をすべて辞書で調べていたら、読書がいやになり、ほんの数ページで本を投

げ出してしまうのではないでしょうか。知らない単語の意味は文脈から推測するようにし、少なくともその単語が3回出てくるまでは辞書を引かないようにしましょう。そのときはあなたの推測が正しいかどうかを確かめるためにだけ、辞書を引くのです。

　辞書は道具にすぎません。時折、参考までに調べることはもちろんかまいませんが、辞書を使いすぎないようにしましょう。本には読者を物語の世界に引きこむ力がありますが、読書を中断すると集中力が落ち、楽しさが半減してしまいます。もうひとつ覚えておきたいこととして、辞書は見かけほど役に立たないということがあります。辞書では多くの場合、ひとつの単語にいくつかの意味が載っています。意味は使われる状況によって違ってくるため、読書中に出会った単語にそのうちのどの意味が当てはまるかを見極めるのは、必ずしも容易ではありません。特に会話に用いられている言葉には背景となる文化が反映されていることが多く、辞書で調べてみたものの、何が起こっているのか理解できないこともあるでしょう。

　単語の多くはその小説のなかで一度しか登場せず、物語全体になんの影響も及ぼしません。したがって、すべての単語を調べることは非効率的であり、集中力をそぐことにしかなりません。知らない単語に出会ったときは、前後の状況から推測した意味とともに書きとめておくことをおすすめします。次に同じ単語がも

う一度出てきた場合、新たな状況から推測した意味が1度目と違っていたら、意味を書きかえたり書き加えたりしましょう。そしてその単語が3度目に出てきたら、今度は辞書を引き、これまでのふたつの推測がだいたい当たっているかどうかを調べましょう。

　一方、同じ単語がそのあと登場しなかった場合は、内容の理解や読書の楽しみに影響を与えない単語に、わざわざ時間を割かずにすんだことになるわけです。

単語の意味を推測する手がかり

　最小限にしか辞書を引かずに英語の小説を読もうと決心した場合、なじみのない単語の意味を理解するうえで、前後の状況に注目することが決め手となります。となれば、物語のなかで起こっていることに細心の注意を払わなければなりません。物語のなかには、単語の意味を知るための手がかりがばらまかれているからです。たとえば、ある小説の次のくだりに spectacles という名詞が初めて出てきたとしましょう。

　Browning took off his spectacles and stared hard at the sheet of paper in his hand. He frowned and sighed deeply. Judith watched him anxiously. She had known that he would be upset to receive her resignation, but there was no way she was going to back down.

　'Why?' asked Browning, picking up his spectacles

> and tapping the sheet with one of the stems.
>
> Judith shrugged. 'It's time I moved on,' she said simply.
>
> Browning nodded and replaced his spectacles. He then peered through them as he read the resignation once more.

spectacles という語の意味を知るための手がかりは次のようになります。
1) took off: spectacles は衣服か装身具。
2) one of the stems: spectacles には stem がふたつかそれ以上ある。
3) peer through: look through と同じ意味。このことから考えると spectacles は透明。

この3つの情報から、spectacles はふたつかそれ以上の stem がある透明の装身具だということが推測でき、glasses（眼鏡）の同義語だということがわかります。

これは非常に単純な例でしたが、名詞の意味はふつうその語の周辺の情報を集めて分析することによって、探りあてることができます。動詞の場合はもう少し難しくなりますが、多くの場合、手がかりはやはりその前後に含まれています。最も重要な手がかりとなるのは、その語のあとに続き、目的語の前に置かれている前置詞。それから、その動詞が表す行為に対する反応

が書かれた文です。前置詞はふつう方向（up, down, from, to, toward, between など）、または位置（in, on, at, around, above, near, underneath など）を示し、大きな手がかりを提供してくれます。また、問題としている動詞を含む文のあとに続く文に書かれた反応には、その動詞と関連した動詞が含まれていることが多く、これも意味を絞りこむ手がかりになります。例として、あなたが chug という動詞の意味を知らないという前提で、次のふたつの文を見てみましょう。

Peter chugged down the beer and smiled.
Belinda grinned back and refilled his glass.

ここでは次の3つの手がかりが得られるでしょう。
1）down：方向を示す前置詞。
2）beer：down の方向に向けられるもの。
3）refill：反応を示す動詞。ここから、グラスが空かほとんど空であることがわかる。

chugged は down という前置詞とともに用いられていることから、その同義語は put か drink であると推測できます。それ以外の動詞は、この状況で down とうまく結びつかないからです。次に、この動作に対する反応を表す refill という語は、グラスが空であることを示しているので、ピーターはビールを飲んだのだな、と推測することができます。ゆえに、chug は

drinkの同義語というわけです。

　実際は、chugはただ「飲む」というより、「ぐびぐび飲む」「飲みほす」といったニュアンスを伴っていますが、そこに書かれている情報をとりあえず理解するというレベルであれば、「飲む」という意味をつかむだけで十分と言えるでしょう。

　形容詞や形容動詞の意味を前後の状況から理解するのは、さらにもう少し難しくなりますが、不可能ではありません。gloomyやirritablyなどは通常、その場面の雰囲気から推測できるでしょう。ただし、それらの語はその場の雰囲気そのものを表現するために使われていることが多いので、あなたの推定が正しいかどうかを確かめる方法はありませんが。とはいえ形容詞や形容動詞が、物語全体にとって重大な影響を及ぼしていることは滅多にありません。形容詞は文学に余計なものをごたごたつけ加えるだけだから使用すべきではない、と考える人たちもいるほどなのですから。したがって、その語が登場するときに起こっていることからだいたいの意味を推測し、知らない単語のリストに加えておくのがよいでしょう。同じ単語が3回出てきたら辞書を引き、推測が正しいかどうかチェックしてみましょう。もし3回出てこないようなら、忘れてかまいません。

絶対に覚えるべき単語

　ある小説を英語で読むのにどれだけの語彙が必要かを事前に知ることは、もちろん簡単ではありません。けれども本の性質によって使われているかもしれない（あるいは使われていないかもしれない）専門用語を別とすれば、英語の小説で使われている約80%の単語は、高校までに学んだ語である場合がほとんどです。そして約15%が、登場人物の名前や固有名詞です。つまり、高校までの教育を受けた人であれば誰でも、英語の小説に使われている90%以上の単語が理解できることになります。

　さらに細かく分析すれば、次の10語が英語で最もよく使われる単語であり、ふつうの本の約20%を占めています。実際、theという冠詞だけで5%以上も占めているのです。

| the | be | and | to | a |
| he | of | say | have | you |

　この10語と次の40語をあわせると、英語の文学で最もよく使われる50語となり、平均的な小説の45%を占めます。

| his | it | in | I | that |
| at | do | on | as | they |

him	with	look	but	for
her	she	what	up	get
out	not	all	go	them
we	from	see	know	there
this	back	into	could	who
think	so	me	one	their

　ここにはあえて載せませんが、このリストをよく使われる100語まで拡大した場合も、そこに含まれるのはきわめて簡単な単語ばかりです。そしてその100語が55％近くを占めます。

　こうしてみると、とても励まされるような気がするのではないでしょうか。しかしここで、言語は語彙に終始するわけではない、と言っておかねばなりません。慣用句や隠喩などでは特に言えることですが、ある語はほかの語のおかげでその真の意味が明らかになります。ですからたとえ個々の単語を知っていても、物語の真の文脈を理解するために、想像力を働かせることはぜひとも必要です。

　一般に、文学に用いられる語彙は次の5つのカテゴリーに絞りこむことができます。

1) 使用頻度の高い語：冠詞、代名詞、助動詞など、文を文法的に成り立たせる語が大部分。上記の50語がここに分類されます。
2) 使用頻度が中ぐらいの語：あらゆる状況でよく使

われる、おなじみの語（例：walk, fast, happy, ready, well など）。
3）使用頻度が低めの語：問題なく理解できるはずですが、2）と比べると特定の状況で使われます（例：road, check, weather, ferry, mountain など）。
4）使用頻度が低い語：あまりなじみがないかもしれませんが、ご存じの語もあるでしょう（例：carburetor, disagreeable, moat, tolerably, distil など）。
5）ほとんど使われない語：特殊なテーマに関わる専門的な語（例：radicalization, smelt, esophagus, masticate, demonize など）。

　先ほど私たちが脇に除けておくことにした専門用語は、ふつう「使用頻度が低い語」か「ほとんど使われない語」に分類されています。それでも、読んでいる小説の種類によっては、これらの語をまったく無視するというわけにはいきません。小説のテーマに応じた語彙の知識が必要となることもあるでしょう。たとえば船が舞台の本であれば、物語を存分に楽しむには航海用語（gangway, galley, head, bridge, port, starboard, stern, bow など）の知識を身につける必要があります。

登場人物の整理
　英語の小説には、大勢の人物が登場するものが少なくありません。なかには一度登場したあと何章にもわ

たって姿を消し、あとで重要人物としてふたたび登場する、というような人物もいます。このような場合、誰が誰だか覚えておくのはたいへんなので、簡単な説明をつけて登場人物のリストを作っておくと非常に役立ちます。

　もうひとつ、登場人物がその場面で関わっている相手によって異なる名前で呼ばれていることがある、という点にも注意を払いましょう。たとえば、John Greysham という警部がいるとしましょう。彼は部下や外部の人たちから Inspector と呼ばれていますが、本人のいないところで部下たちは彼を Greysham またはニックネーム（たとえば Grizzly）と呼ぶかもしれませんし、友人や家族は John（または Johnny）と呼ぶかもしれません。ひとりがこのように呼ばれるだけなら問題ありませんが、10 人かそれ以上の登場人物がそれぞれいくつもの名前で呼ばれるとすれば、ネイティブスピーカーでも混乱しかねません。そのようなわけで、登場人物のリストを作ることがとても役に立つのです。

会話の前後に使う動詞

　会話の直前または直後に使われる動詞は、その場面の雰囲気を伝えてくれることが多く、こうした語を理解しておけば読書の楽しみが増すのではないでしょうか。これらの動詞は誰かが話していることを示す said

の代わりに使われるので、私は「said 代用語」と名づけてみました。

「said 代用語」のなかには asked、opined、iterated、questioned のように said の同義語にすぎないものもありますが、多くはそのせりふが話されたようすについての情報を提供してくれます。したがってそれらの動詞から、話し手が喜んでいるのか、不満なのか、怒っているのか、いらついているのか、感情的になっているのか、打ちのめされているのか、うんざりしているのか、熱意がこもっているのか、気が進まないのか、はっきりしない態度なのかを推測することができます。

いま申し上げたように、たとえば groaned Peter（ピーターはうめいた）、exclaimed Mary（メアリは叫んだ）、muttered John（ジョンはつぶやいた）などでは、「said 代用語」が単に said の代わりに使われています。このような語がよく使われるのは、作家たちにとって、登場人物がある状況に対しある反応を示したことを表す、最も簡便な方法だからでしょう。次のいくつかの例文は、「said 代用語」を除けばまったく同じですが、話し手の態度はどれも異なっています。

・'Are you serious?' cackled Amelia.
「本気なの？」アミーリアはけらけら笑いながら言った。
・'Are you serious?' yelped Amelia.

「本気なの？」アミーリアは浮き立った声で言った。
- 'Are you serious?' howled Amelia.
「本気なの？」アミーリアはわめきたてた。
- 'Are you serious?' moaned Amelia.
「本気なの？」アミーリアはうめいた。
- 'Are you serious?' grumbled Amelia.
「本気なの？」アミーリアは不満そうに言った。
- 'Are you serious?' shrieked Amelia.
「本気なの？」アミーリアは金切り声をあげた。
- 'Are you serious?' sighed Amelia.
「本気なの？」アミーリアはため息をついた。
- 'Are you serious?' spluttered Amelia.
「本気なの？」アミーリアはあわてふためいて言った。
- 'Are you serious?' laughed Amelia.
「本気なの？」アミーリアは笑った。

　「said 代用語」の難点はその数が多いことです。現代の文学では 150 語から 200 語ほど使われているのです。もちろんある程度はみなさんが知っている語と思われますが、初めて出会う語もかなりあるでしょう。
　とはいえ、場面全体の雰囲気を推測する手がかりになることを考えると、ぜひその意味を学んでいってほしいと思います。もちろん、頻繁に登場し、前後の物語の雰囲気から意味がわかる語も多いでしょう。した

がって、ある単語が3回出てきたときに初めて辞書を引くという方法は、前後の状況から意味をつかむという脳の訓練として、ここでも有効です。ただし、物語にとって非常に重要と思われる単語に出会った場合は、3回出てくるのを待たずに辞書で調べてもいいかもしれません。

《英文小説の文章の基本常識》

　ここからは、作家たちが本を書くときの決まりごとを説明します。文章全般に当てはまる決まりごともあれば、小説だけに見られる決まりごともあります。ここで説明する大部分のことは皆さんすでにご存じかと思いますが、記憶を新たにするために、また読書の途中で何かとまどったときの参考のために、それらのことも書いておくことにします。

一人称 vs. 三人称

　大部分の小説は三人称で書かれています。つまり一種のドキュメンタリーのようなもので、語り手が物語の一部となることなく、外部の視点からすべての出来事が語られるということです。一方、一人称で書かれた小説は、ふつうは物語の主要な登場人物の視点から語られます。三人称形式のほうが一般的なのは、作家が登場人物から離れた場所で起きていることにまで、範囲を広げて書くことができるからでしょう。一人称

形式の場合は、語り手となる人物が見たり感じたりする範囲に限定されてしまいますから。

　一人称で書かれているか、三人称で書かれているかは、当然ながら使われている代名詞によって容易に見分けることができます。以下はその例です。

一人称：I waited for the rain to stop before leaving the hotel.
　　　　私は雨がやむのを待ってホテルを出た。
三人称：He waited for the rain to stop before leaving the hotel.
　　　　彼は雨がやむのを待ってホテルを出た。

過去形 vs. 現在形

　年少の読者向けのごくシンプルな物語を除けば、ほとんどの小説は過去形で書かれています。現在形で書かれている文の例をあげておきましょう。

・Greta is reading a book.　グレタは本を読んでいます。
・Simon is doing his homework.　サイモンは宿題をしています。
　過去形の文は次のとおり。
・He ran past the post office at top speed.　彼は全速力で郵便局を通りすぎた。
・She opened the book to page twenty-three.　彼女は本

の 23 ページを開いた。

　一方、会話文は、話し手にとっての「現在」の位置によって、過去形で書かれることもあれば、現在形、あるいは未来形で書かれることもあります。

・'I'll be in Paris this time next month,' said Jill into her cellphone as she turned the key in the lock.
「私は来月の今ごろパリにいるわ」ジルは錠にさした鍵をまわしながら携帯電話に向かって言った。
・Greg frowned at her and said, 'Are you trying to confuse me?'
グレッグは彼女をにらみつけて言った。「おれを混乱させる気か？」

　地の文でふたつの動詞が使われている場合、そのうちのひとつが -ing の形（現在分詞）で書かれていることがあります。これは、同じ構文が続くのを避けて文章に変化をつけるために用いられることもあるテクニックで、ふたつの動詞は次のように常にコンマで区切られます。

・Raising his glass to his lips, Harold called out, 'Cheers, everybody!'
グラスを口もとまで上げて、ハロルドは大きな声で

言った。「さあ、乾杯だ！」
・'Are you sure?' asked Peter, watching her expression carefully.
「本当に？」彼女の顔色をじっと見つめながら、ピーターは言った。

引用符（クォーテーションマーク）

せりふを囲むのに使われる引用符には、一重の引用符（' '）と二重の引用符（" "）があります。せりふにはふつう一重の引用符が使われ、そのせりふのなかに誰かのせりふが引用されるときには二重の引用符が使われます。以下はその例です。

・'He scribbled "I hate homework!" all over my school book,' complained Tony.
「あいつはぼくの教科書いっぱいに『宿題なんか嫌いだ！』って落書きしたんだ」とトニーは文句を言った。
・'I remember you once saying "I'll never forgive him"' said Sally.
「あなたが前に『ぼくは彼を決してゆるさない』と言ったのを覚えているわ」とサリーが言った。

しかし、メインとなるせりふには一重の引用符を使わなければならないという絶対的な決まりがあるわけ

ではありません。作家によっては、メインとなるせりふに二重の引用符を、そのなかに含まれるせりふに一重の引用符を使う人もいます。どちらの形式を用いるにしても、混乱を避けるため、本全体を通して同じ形式を用いなければなりません。

　ある段落が引用符で閉じられることなく終わっている場合、それはそのせりふが次の段落まで続いていることを意味します。その場合、次の段落の冒頭は引用符で始まります。

・'I'm not sure how to cope with the situation. My boss said that he'd cover for me, but it was obviously my fault and I feel that I have to take responsibility.

　'Anyway, that's enough about me. How have you been?'
　「どう対処していいか、ぼくにはわからないんだ。上司はかばってくれると言ったけど、これは明らかにぼくの過失だから、自分で責任をとるべきだと思うんだ。

　ぼくの話はともかくとして、君はどうしてる?」

コンマ
　コンマ (,) は通常の使い方のほかに、せりふと地の文を分けるためにも使われます。せりふは以下のように文の最初、真ん中、最後のどの位置に置くこともでき、必ず地の文とのあいだにコンマが打たれます。

・'I can really recommend this book,' said Joseph.
　「この本は本当におすすめだよ」ジョーゼフが言った。
・Joseph snapped the book closed and said, 'I can really recommend this book,' before returning it to the shelf.
　ジョーゼフは音をたてて本を閉じ、「この本は本当におすすめだよ」と言って棚に戻した。
・Joseph caressed the leather cover and said, 'I can really recommend this book.'
　ジョーゼフは革表紙をなでて言った。「この本は本当におすすめだよ」

　ただし疑問符（?）や感嘆符（!）があるせりふの最後についている場合は、そのあとの地の文とのあいだにコンマを打つ必要はありません。以下はその例です。

・'Can you recommend this book?' asked Joseph.
　「この本はおすすめですか」とジョーゼフがたずねた。
・Joseph snapped the book closed and said, 'This is definitely not a book that I would recommend!' before returning it to the shelf.
　ジョーゼフは音をたてて本を閉じ、「この本は全然すすめられないな！」と言って棚に戻した。

文法どおりではない文

　せりふは登場人物の話していることをそのまま文字にしたものなので、文法どおりに書かれているとはかぎりません。実際の会話を真似て、最初の1語か2語が省略されることがよくあります。この例は「文法的な分析をしない」の項（14ページ）に載せましたので、ここでは省きます。

　また、会話には辞書に載っていない語がときどき登場することも、覚えておくとよいでしょう。本のジャンルによって、それは次の3つの場合に分けられます。

1）その本のために特別につくられた語。物語のなかにしか存在しない生き物や物体が登場する、ファンタジーやSFによく見られます。これらの語にはふつう説明もつけられているので、その意味が問題になることはまずないでしょう。
2）一般にはあまり使われないスラング（俗語）。論理的ではないし、国や地域によっても異なるので、意味をつかむのはたいへんです。
3）実際の会話で話されるように、ふたつの語をくっつけてひとつにした語。作家にもよりますが、語と語のあらゆる組み合わせのなかから意味を推測するのは、時には不可能でしょう。よくある例としては、dunno（don't + know）、wanna（want + to）、gonna（going + to）、coulda（could + have）など。

大文字

　文全体が大文字で書かれている場合は、登場人物が叫んでいることを意味します。

・Mary stared at him in fury. 'HOW DARE YOU!' she screamed.
　メアリは怒りをこめて彼を見つめた。「なんてことを！」彼女は叫んだ。
・'GET OUT OF HERE!' yelled James.
　「ここから出てけ！」ジェームズが叫んだ。

イタリック体（斜字体）

　イタリック体が使われるケースは4つあります。第一は、会話のなかでその語やフレーズが強調されている場合。そんなことはとても信じられない、という話し手の気持ちが表れています。

・'Are you seriously trying to tell me that he *lives* here?'
　「彼がここに住んでるって本気で言いたいわけ？」
・'I was astounded to discover that he has been married for *fifteen* years.'
　「彼が結婚して15年にもなると知って驚いたよ」

　第二は、新聞や雑誌や本などの題名を示している場合。

・He flipped open the cover of *Wiccan Folklore* and read the inscription.

　彼は『魔術の民間伝承』の表紙をめくり、献辞を読んだ。

・He checked the *Financial Times*, but couldn't find any mention of the company.

　彼は『フィナンシャル・タイムズ』を調べたが、その会社についての記事は見つけることができなかった。

　第三は、その語やフレーズが英語以外の外国語である場合。

・The *bon-odori* is a Japanese summer festival held during the obon period.

　「ボンオドリ」は「オボン」の時期に行われる日本の祭りです。

・Graham smiled at the reception and said, '*merci*,' in his best French accent.

　グレアムは受付係に向かってにっこりとし、自分としては最高のフランス語のアクセントで「メルシー」と言った。

　第四は地の文で使われ、登場人物が過去に話されたことを思い出している場合です。

・Her grandfather's advice from twenty years earlier provided her with encouragement: *If you put your mind to it, there is nothing you cannot achieve.*

彼女は20年前に祖父から受けた助言を思い出し、励まされた。**一生懸命やれば達成できないことなどないよ。**

・The warning he had received scared him more than he could explain. *Drop the case or suffer the consequences.*

以前に受けたその警告は、彼を言いようもなくおびえさせた。**その訴訟は取り下げろ。さもなければひどい目にあうぞ。**

読者との会話？

　疑問符が会話文だけでなく地の文でも使われることは、そう珍しくありません。この場合、読者は作家から意見を求められているような印象を受けます。でもこれは、その登場人物が考えていることを表現するためのテクニックにすぎません。以下はその例です。

・Oliver pulled his coat around his neck and shivered. Were the evenings in Helsinki always this cold?

　オリヴァーはコートの襟をかきあわせて震えた。ヘルシンキの夜はいつもこんなに寒いのだろうか。

・Tracy hit the light switch again in exasperation. Nothing. Why would the electricity not be working?

トレイシーはいらつきながら、もう一度電灯のスイッチを入れた。何も起こらない。なぜ電気が通じないのだろう？

奇妙な表現
　時には、ありそうにないだけでなく物理的に不可能な表現に出会うこともあるでしょう。こうした表現はliterary license（文学的許容）と呼ばれ、読者にくっきりと鮮やかなイメージを思い描かせるためにのみ使われます。理屈に合わないフレーズや表現と出会っても、心配しないように。文字どおりの意味にではなく、そこから伝わってくるイメージに注目しましょう。以下はその例です。

・A brilliant red and yellow sunset shimmered playfully in the sky.
　鮮やかな赤と黄色の夕日が、戯れながら空で輝いた。
・The sunlight forced its way through the curtains to lighten the room.
　太陽の光がカーテンを貫いて押し入り、部屋を明るくした。

Column 1 動詞として使われる名詞

　コンピュータやスマートフォンで文字を入力するとき、Jを小文字にしてjapanと打ってしまっても、オートコレクトでJapanと直されはしません。ほかの国名なら直されてしまうのに、なぜ？ と不思議に思ったことはありませんか。この理由は、japanという動詞が存在するからです。japanは木製品などに「漆を塗る」という意味。17世紀のヨーロッパで造られた語で、現在も使われています。

　実は英語の名詞は、一部の例を除けば、どれもみな動詞として扱うことができるのす。その例外とは一般に、人間を指す名詞（child, humanなど）、同じ意味の動詞がすでに存在する名詞です。たとえば誰もcomputerという語を動詞として使おうとはしませんが、それはcompute（計算する、コンピュータを使う）という動詞がすでに存在するからです。それらを除けば、創造性豊かな作家が名詞のこの特性を利用しない手はありません。そのようなわけで、本を読んでいると、名詞から作られた動詞をたびたび見かけることがあるでしょう。それらの動詞は、ただ文章におもしろみを添えるという目的で使われているのです。例をいくつか見てみましょう。

・Having showered, Reginald pajamaed himself and returned to the living room for a glass of wine.

　シャワーを浴びたあと、レジナルドはパジャマを着て、ワインを飲みに居間に戻った。

　pajama という動詞は辞書には載っていませんが、これが put on pajamas という意味であることは明らかなので、まったく問題なく読者に受け入れてもらえる、というわけです。
　しかしながら、日本では名詞として習うにもかかわらず、辞書に動詞としても載っている語が、実はたくさんあります。そしてそのような語は文学にもたびたび登場します。詳細はこのあとのコラムで説明することにして、ここではまず、名詞としても動詞としても使われる語をあげておきましょう。

balloon	風船／ふくらむ
bandage	包帯／包帯を巻く
cake	ケーキ、塊／固める
e-mail	Eメール／Eメールを送る
flower	花／（花が）咲く
hammer	ハンマー／ハンマーで打つ
humor	ユーモア／（人の）機嫌をとる
iron	アイロン／アイロンをかける
license	免許／許可する

milk	ミルク／乳を搾る
nest	巣／巣を作る
oil	油／油を塗る
pedal	ペダル／ペダルを踏む
shampoo	シャンプー／シャンプーで洗う
storm	嵐／荒れる、激怒する
thunder	雷／鳴り響く
toast	トースト、乾杯／（パンなどを）あぶる、祝杯をあげる
vacuum	真空／（真空）掃除機をかける
voice	声／声に出す

Column 2　習慣と伝統

　文化によってその習慣や伝統はさまざま。でも、作家は読者がみなそのような習慣や伝統に親しんでいると考えているので、文学にはそれらがほとんど説明なしに登場することがよくあります。習慣や伝統が最も顕著に現れるのは年中行事でしょう。ここでは、文学の設定によく用いられる年中行事を紹介します。

洗礼 (christening / baptism)
　キリスト教に受け入れられるための儀式。christening は幼児に対してのみ行われ、司祭が子どもの額に

聖水をかけ、子どもは自分の名前をクリスチャンネームとして「命名」されます。baptism はすでに名前を持っている人が罪のゆるしを受けるという形で行われます。つまり、その人がキリスト教に入信したいと決心するなら、何歳であっても baptism を受けることができるのです。

クリスマスの伝統

　クリスマスには、ツリーを飾ったり、クリスマスの日にプレゼントを交換したりするほかにも、さまざまな習慣があります。

ろうそく (candles)：キリスト教の伝来以前から、春がまもなくやって来ることを思い起こすため、冬至の時期に使われていました。この習慣がのちにキリスト教にとり入れられ、ベツレヘムの星を象徴するようになりました。

ヒイラギ (holly) とツタ (ivy)：ヒイラギのとげとげした葉は、イエスが十字架にかけられたときに被っていた茨の冠の象徴。ツタはほかのものに依存しなければ生きていけないことから、人間が神から離れずにいなければならないことの象徴となっています。

ヤドリギ (mistletoe)：ヤドリギの下でキスをする習慣はよく文学に登場しますが、この習慣はヨーロッパにキリスト教が伝来する以前に始まりました。冬至のころに身ごもられた赤ちゃんは翌年の9月、つまり収穫の時期に誕生することから、ヤドリギは豊穣の象

徴だったのです。

降誕（Nativity）：イエスが家畜小屋で生まれたことを指します。降誕の場面の絵はクリスマスカードなどに使われ、クリスマスを祝う理由を人々に思い起こさせます。

堅信礼（confirmation）

　洗礼を受けた子どもが青年期に達したとき、神への忠誠を確認するために行われる儀式。これによってその人は生涯、教会の一員となります。

収穫感謝（Thanksgiving）

　収穫の恵みを神に感謝する日として、カナダでは10月に、アメリカでは11月にThanksgiving Dayが祝われます。この日には家族が集まり、伝統的な食事（ふつうは七面鳥を含む）で祝います。

バル・ミツバ／バト・ミツバ（Bar Mitzvah/ Bat Mitzvah）

　どちらもユダヤ教の儀式で、バル・ミツバは13歳になった男の子、バト・ミツバは12歳になった女の子のための儀式。ユダヤ教の律法では、両親はこの時点まで子どもたちの責任を負いますが、この後は子どもたちが自分で自分の責任を負うことになります。

ハヌカ（Hanukkah）

　「光の祭」としても知られるユダヤ教の祭日。ユダヤ暦のキスレヴ月の25日（年によって移動するが、11月末から12月末）から8日間にわたって祝われます。マカバイ戦争時のエルサレム神殿の奪回を記念する行

事で、9枝の燭台にろうそくを毎晩1本ずつ増やして火を灯します。

Column 3 ◆◆動詞として使われる名詞（動物）

英語では動物の名称がよく動詞として使われます。その多くは、それぞれの動物の一般的な特徴を表現したものです。最もよく使われるものを例文とともに紹介し、さらにその他の一覧を載せておきます。

・ape　猿／真似る
Simon aped the security guard in order to gain entrance to the building.
サイモンはそのビルに入りこむために警備員の真似をした。

・badger　アナグマ／しつこく説得する
Harry badgered his mother into lending him two-hundred dollars.
ハリーはしつこくせがんで母親から200ドルを借りた。

・dog　犬／つきまとう
Jennifer was dogged by bad luck throughout the entire year.
ジェニファーは一年中、悪運につきまとわれた。

・rabbit　うさぎ／だらだら話す

Helen rabbited on about her new boyfriend for nearly twenty minutes.

ヘレンは新しいボーイフレンドのことを20分近くも延々と話した。

・bug　昆虫／困らせる、（ソフトウェアや機器に）欠陥を生じさせる

Peter continued to bug Angus about borrowing his car until the last minute.

ピーターは車を貸してくれと言い続けてアンガスを困らせたが、ついにあきらめた。

・crow　カラス／得意そうに話す

Angela crowed about her new Prada shoes until everyone was fed up.

アンジェラが新しいプラダの靴を自慢するので、誰もがうんざりしてしまった。

bull	雄牛／無理に押しとおす
cock	雄鶏／（銃の）撃鉄を引く
crab	カニ／横歩きをする
crane	ツル／（首をツルのように）伸ばす
duck	カモ、アヒル／ひょいとかがむ、ひょいと身をかわす
fox	キツネ／だます
goose	ガチョウ／人の尻を不意につつく

hog	豚／むさぼり食う
hound	猟犬／追跡する
ram	雄羊／激しく打ち込む
weasel	イタチ／(責任などを) 逃れる
wolf	オオカミ／がつがつ食べる
worm	這い虫／這うようにして進む

第2章　日本人にとってわかりにくい英語

　ある文化を学ぶ最良の方法はその文学を読むことだと言われています。言語はそれぞれの文化に基づいていることから、よく用いられる語と表現は言語によって異なります。英語も例外ではありません。英語はその語源をラテン語、ギリシャ語、ゲール語などの多くの言語にさかのぼることのできる豊かな背景を持ち、その慣用句、ことわざには、産業革命、海軍の歴史など、イギリス文化の重要なポイントが反映されています。そこへアメリカ文化の豊かさが加わり、英語は大西洋の両側で、そしてさらにオーストラリアやニュージーランドなどでも使われています。

　英語独特の表現は、ネイティブスピーカーにはその意味がすぐわかっても、英語を外国語として学んでいる人にはよくわからないまま、ということがよくあります。それにもかかわらず、それらの表現は英語圏の日常会話で使用され、みなさんが読む小説にも驚くほどたくさん登場するはずです。この章では、英語で非常によく使われる慣用句やことわざ——特に、それと気づかなければ辞書を引くのも難しいものを中心に、説明していきます。

英語の宗教的基盤

　英語はこの 2,000 年間キリスト教文化に浸されて、現在の姿に至っています。そのため、日常生活で使われる表現や慣用句の多くには、背景となるこの文化がしみわたっています。英語のネイティブスピーカーは、一般に幼いころからキリスト教の教育を受けるため、このような表現や慣用句を無意識のうちに使いますし、作家たちも読者がきちんと理解してくれることを前提にして、本のなかでそれらを使っています。これらは英語を作りあげている基本的な要素なので、そこに意味の説明が付されることはまずありません。

　英語の小説を読んでいると、たとえば次のような文に出会うことがあるかもしれません。

・Howard Peterson had spent his entire life regularly in violation of the second, third, fourth, fifth, seventh, eighth and tenth Commandments.

　ハワード・ピーターソンは、十戒の第二、第三、第四、第五、第七、第八、第十戒を常に破りつつ、その生涯を送った。

・A happily married man, Steven spent a great deal of his time fighting against the temptation to break the seventh Commandment.

　幸せな結婚生活を送っている夫として、スティーヴンは十戒の第七戒を破ろうとする誘惑と闘うことに多

大な時間を費やした。

　上記の例文はどちらも、読者が十戒をよく理解しているだろうという前提のうえで書かれています。「十戒」(Ten Commandments) とは、聖書によればシナイ山でモーセが神から与えられたとされる、一連の命令です。これらの戒めはキリスト教の根底にあり、人々によく知られています。十戒を現代の英語で書くと次のようになります。

1. You shall have no other Gods but me.
2. You shall not make for yourself any idol, nor bow down to it or worship it.
3. You shall not misuse the name of the Lord your God.
4. You shall remember and keep the Sabbath day holy.
5. Respect your father and mother.
6. You must not commit murder.
7. You must not commit adultery.
8. You must not steal.
9. You must not give false evidence against your neighbor.
10. You must not be envious of your neighbor's goods. You shall not be envious of his house nor his wife, nor anything that belongs to your neighbor.

1. 私のほかに神があってはならない。
2. 偶像を造ってはならない。また、偶像を礼拝しては

ならない。
3. 神の名をみだりに唱えてはならない。
4. 安息日を心に留め、これを聖なるものとして守れ。
5. 父と母を敬え。
6. 人を殺してはならない。
7. 姦淫(かんいん)してはならない。
8. 盗んではならない。
9. 隣人に関して偽証してはならない。
10. 隣人の持ち物をうらやんではならない。隣人の家や妻、その他隣人のものをうらやんではならない。

　先ほどの第一の例文を言い換えれば、ハワード・ピーターソンは神以外の偶像を崇拝し（それはお金かもしれないし、俳優や女優、ポップシンガーかもしれません）、神の名をみだりに唱え（たぶん罵倒の言葉を吐くことによって）、教会に行ったことがなく、日曜日をほかの日と何の違いもない日と考え、両親を敬わず、たびたび不倫をし、盗みを働いたことがあり、他人の持ち物をほしがったことがある、ということになります。また、第二の例文は、スティーヴンが妻を裏切るまいと努力したことを示しています。

　十戒のほかに、キリスト教には何をおいても避けなければならない行為がいくつかあります。避けることができなければ、神から与えられた恵みやその人のなかにある愛の精神が破壊されかねないからです。これ

らは「7つの大罪」(Seven Deadly Sins / Seven Cardinal Sins）と呼ばれ、その7つとは、高慢、貪欲、色欲、嫉妬、大食、憤怒、怠惰です。カトリック教徒は司祭を通して神のゆるしを受けるために、告解室でこれらの罪の告白をすることが求められています。これに対抗する「キリスト者の7つの美徳」(Seven Christian Virtues / Seven Cardinal Virtues）も、誰もが守るべきものとされており、その7つとは、純潔、節制、慈愛、勤勉、忍耐、親切、謙遜です。ですから、本のなかで次のような文に出会うことがあるかもしれません。

・With the exception of sloth, Mary's boss habitually indulged himself in six of the Seven Deadly Sins, and the only one of the Seven Cardinal Virtues he regularly observed was diligence.

怠惰を例外として、メアリの上司はいつも7つの大罪のうちの6つにふけっていた。そして7つの美徳のうち彼が唯一守っていたのは勤勉だった。

・Robert's only virtues were chastity and patience; the first enforced and the second a direct consequence of the first.

ロバートの数少ない美徳は純潔と忍耐だけだった。前者は強いられたものであり、後者は前者の直接的な結果だった。

上記のようなキリスト教徒の掟のほかにも、英語で

はキリスト教に基づく多くの表現や慣用句が日常的に使われており、文学のどのジャンルにもよく登場します。想像がつくかとは思いますが、その多くは天国、地獄、悪魔などにかかわる表現で、以下のようにどれも同じように使うことができます。

＊catch hell / get hell / catch the devil / get the devil / have hell to pay / have the devil to pay
これらはどれも「ひどい目にあう」「ひどく叱られる」という意味で使われます。

・George caught hell from his wife when he arrived home late.
ジョージは夜遅く帰宅し、妻からひどく叱られた。
・Eric was worried that he'd get the devil if his teacher ever found out who broke the classroom window.
誰が教室の窓ガラスを壊したかを先生が知ったら大目玉を食らうことになるだろうと、エリックは心配だった。
・'You know there'll be hell to pay if the sergeant discovers you missing from barracks?' said John moodily.
「きみが兵舎からいなくなっていることに軍曹が気づいたら、とんでもないことになるのはわかっているだろう？」ジョンは不機嫌そうに言った。

* give (someone) hell / give (someone) the devil

　これらは上記の表現と関連していますが、叱られる側からではなく叱る側から見た表現です。

・Barbara gave Joseph hell when he returned home without the wine he'd promised to pick up on the way.
　途中で買ってくるはずのワインを買わずにジョーゼフが帰宅したので、バーバラは彼をひどく叱りとばした。
・'I hate that park. An old man gave me the devil just for walking on the grass.'
　「あの公園は嫌いだ。芝生の上を歩いていただけなのに、じいさんがぼくをガミガミ叱りつけたんだ」

* for the hell of it / for the devil of it

　どちらも、これといった理由もなく、そのときよさそうに思えたので何かをする、という意味。hell の婉曲語 heck を用いて for the heck of it と言うこともできます。

・Daniel and his friends drove six-hundred miles to San Francisco just for the hell of it.
　ダニエルとその友人たちは、これといった用もないのに、サンフランシスコまで 600 マイルも車で出かけていった。

・They were skinny-dipping on the beach just for the devil of it when they heard the first gunshot.

　彼らが面白半分にビーチで素っ裸で泳いでいると、最初の銃声が聞こえた。

＊in heaven / in seventh heaven

　このふたつは最高に幸せな状態を表しています。seventh heaven はイスラム教やユダヤ教に由来します。イスラム教とユダヤ教では天を7つの位層に分け、第七の天を神と最高位の天使たちの住まいであると考えているのです。ちなみに、in heaven はこのような慣用句としてではなく、dead の意味で使われることもあるので、注意する必要があります（例：Unfortunately, Gwen's father had been in heaven for nearly six years. 残念なことに、グウェンの父親は6年ほど前に天に召されました）。

・Miguel was in heaven as the first beer slipped down his parched throat.

　ビールの最初のひとくちがカラカラに渇いた喉を流れ落ちていったとき、ミゲルは夢心地になった。

・Seventh heaven to Lorraine was a day out shopping on somebody else's credit card.

　ロレインにとって最高の幸せは、ショッピングに出かけ、他人のクレジットカードで買い物をすることだ

った。

＊go to hell / go to the devil
　このふたつのフレーズは、'Go to hell!'というように感嘆符をつけて怒りを表す感嘆句として使えるほか、破壊された状態を描写するのにも使えます。後者の例を以下にあげておきましょう。また、go to hell は go to hell in a handbasket（手提げのついたかごに入れれば簡単に持ち運べることから「あっというまにダメになる」）と表現することもできます。

・Nancy's luck went to hell after she broke up with her boyfriend.
　ボーイフレンドと別れて以来、ナンシーの運は尽きていった。
・Despite everything he tried, the project slowly went to the devil.
　彼はあらゆることを試してみたが、その事業は徐々に衰退していった。

＊scare the hell out of (someone) / scare the devil out of (someone)
　どちらも誰かをひどく驚かせることを意味します。

・'What on earth are you doing? You scared the hell out of

me!'
「いったい何する気？　ぎょっとしたじゃないの！」

・A loud creak nearly scared the devil out of Margaret.
　何かがきしむ大きな音がして、マーガレットは気絶しそうなほど怖かった。

　このほかにも、heaven、hell、devil を用いたさまざまな表現をあげておきます。

＊ move heaven and earth
　何かをするために多大な努力を払う、という意味。

・Marvin moved heaven and earth to get Rebecca to notice him, but as far as she was concerned, he didn't exist.
　マーヴィンはレベッカから注目してもらおうとあらゆる努力をしたが、彼女からすれば、マーヴィンは存在しないも同然であった。

＊ snowball's chance in hell
　まったくチャンスがない、という意味。地獄は炎と硫黄に包まれた場所と考えられているので、地獄に落ちた雪玉はたちまち溶けてしまうことから。

・Judy knew that she didn't have a snowball's chance in hell of entering medical school, but she hated to give up be-

fore her fears were confirmed.
　医学部に入れる見込みがまったくないことはわかっていたが、ジュディはその懸念が裏づけられる前にあきらめてしまうのが嫌だった。

＊go to hell and back
　何かをするときに地獄を見るほどたいへんな思いをすること。服や車などの無生物にも用いることができ、それがぼろぼろになっていることを示します。

・Brian's son wanted the latest video game for his birthday, and Brian had to go to hell and back to get it.
　息子が誕生日に最新のビデオゲームをほしがったので、ブライアンはそれを買うために四苦八苦した。
・Her car was only a few years old, but it looked like it had been to hell and back.
　彼女の自動車は購入後2、3年しかたっていないのにおんぼろだ。

＊like a bat out of hell
　猛スピードで、という意味。コウモリは火が嫌いなので、地獄から死にもの狂いで逃げ出してくることから。

　The car shot out of the garage like a bat out of hell.

その車はガレージから猛スピードで飛び出してきた。
・Tom turned the corner and saw an armed man dashing toward him like a bat out of hell.
トムが角を曲がると、武器を持った男が猛スピードで襲いかかってきた。

＊raise hell / raise Cain
どちらも、何かに不満を感じてわめき散らしたり、何かに関して面倒を起こしたりすること。互いに言い換え可能です。ちなみにCainとは、聖書に登場する人物で、弟Abelを殺したために神から呪われることになりました。このことからraise Cainは、Cainの霊を死から呼び起こし、その霊を怒りや混沌に注ぎ込む、という意味になります。

・Lincoln raised hell when he discovered that Jack had failed to obtain the missing diamond.
ジャックが行方不明のダイヤモンドを手に入れそこなったと知ったとき、リンカンは怒り狂った。
・Erica was distracted by two teenagers raising Cain at the back of the bus.
バスの奥でわめき散らしているふたりのティーンエイジャーのせいで、エリカは気が散ってしまった。

* until hell freezes over / when hell freezes over

　これらは単に never という意味。地獄が凍りつくことはありえず、他の行為の場合も同じように「ありえない」と言っているわけです。

・Billy's grandfather told him that he wouldn't give him a single cent until hell freezes over.

　ビリーの祖父は彼に1セントたりとも決して与えないと言った。

・'So,' said Jacqueline brightly, 'when are you going to come to karaoke with us?'
Bruce looked at her pointedly. 'When hell freezes over,' he replied.

　「それで、あなたはいつ私たちと一緒にカラオケに来るの？」ジャクリーンが楽しげに言った。

　ブルースは彼女をきっと見つめて答えた。「絶対に行くものか」

* devil-may-care attitude

　devil-may-care な態度とは、無頓着で呑気な、あるいは向こう見ずな態度。

・Despite the gun pointing at her, Janice smiled and raised an eyebrow with a devil-may-care attitude.

　銃が向けられているにもかかわらず、ジャニスはに

っこりし、無頓着な態度で眉を上げた。

* hell of a job / devil of a job
難しい仕事や課題を表現するのに使われます。

・Kirsty had a hell of job explaining to Peter why she was seen in a restaurant with another man.
カースティは、別の男とレストランにいるところを見られた理由をピーターに説明するのに四苦八苦した。
・Tim had allotted an hour of his time for clearing up the garage, but it turned into a devil of a job and he didn't finish until nearly nightfall.
ティムは1時間でガレージを片づけるつもりだったが、これは実はたいへんな作業だったので、夕方近くまで終わらなかった。

* full of the devil
いたずら好きという意味。腕白な子どもや遊ぶのが大好きなペットによく使われます。

・It was unfortunate that Christine's children were full of the devil before they even arrived at her sister's home.
姉の家に到着する前から、クリスティンの子どもたちが手に負えない状態になったのは、不運なことだった。

ここからは heaven、hell、devil を用いた表現以外の、キリスト教と関連したよく使われる表現や慣用句を紹介します。

＊act of faith
キリスト教は科学的に証明できない出来事への信仰に基づいています。そして信仰とは、たとえその先どうなるかわからなくても、ある結果に到達できると確信することです。

・In an act of faith, Elaine grabbed the only weapon available, a broom leaning against the wall, and rushed at her attacker.
イレインはきっとうまくいくと信じて、手に入る唯一の武器、つまり壁にたてかけてあった箒をつかみ、敵に向かっていった。

＊the patience of Job
Job は聖書の「ヨブ記」に登場する男の名前。数々の試練に苦しめられながらも、神への信仰と堅忍を示しました。したがって patience of Job は、非常に忍耐強いことを意味します。

・Jack was of the opinion that he would need the patience of Job to spend the evening sitting next to Jennifer.

ジェニファーの隣りの席でその晩を過ごすにはたいへんな忍耐が必要だとジャックは考えていた。

* as poor as a church mouse
中世ヨーロッパの教会が食料を貯蔵していなかったことに基づく慣用句。そのため、教会にすみついているねずみには餌となる食べ物がなく、状況がよくなる望みもありません。

・Billy had spent most of his adulthood as poor as a church mouse, but many people had pointed out that this was a result of his own laziness and stubbornness.
ビリーは成人して以来ほとんどの年月を極貧のうちに過ごしたが、多くの人は、これが彼の怠惰と強情さの結果だと指摘していた。

* bear a cross / carry a cross
どちらも精神的な重荷を背負うこと。十字架刑に処せられるために、イエス・キリストが十字架を運ばされたことに由来しています。

・An inability to empathize with other people was the cross he had to bear.
他人に共感できないことが、彼の背負わなければならない十字架だった。

・The divorce was hard on Jack, but he carried the cross with fortitude.
　離婚はジャックにとって辛いことだったが、彼は強い心をもってその重荷を背負った。

*blessing in disguise
　ひどいことに見えても実はよい結果をもたらすもの、あるいは、不幸に見えても最終的にはよい結果となるもの、という意味。

・Belinda was in so much pain toward the end, that her death was really a blessing in disguise.
　ベリンダは最後は非常に苦しんだので、その死は結果として本当に幸いだった。

*eye for an eye（**a tooth for a tooth**）
　ハンムラビ法典や旧約聖書に由来するフレーズ。本当は、相手に必要以上の復讐をしてはならないという掟ですが、日常的な用法では「やられたらやり返せ」という意味で使われています。

・Being a firm believer in eye for an eye, James set out to track down his attacker.
　「目には目を」の精神を固く信じるジェームズは、彼を襲った者の追跡に乗り出した。

第2章　日本人にとってわかりにくい英語　｜　63

＊ fall from grace

キリスト教では神の恩寵(おんちょう)からの失墜を意味しますが、一般には好意や愛顧を失うこと。それは必ずしも人間からの好意や愛顧とは限りません。ちなみに、三島由紀夫の『午後の曳航(えいこう)』の英訳タイトルは *The Sailor Who Fell from Grace with the Sea*（海の恵みを失った船員）となっています。

・Bryce's political career was over before it really started when he fell from grace with the public for his right-wing views.
　ブライスの政治キャリアは、その右翼的見解で人々の支持を失い、実際に始まりもしないうちに終わりを告げた。

＊ forbidden fruit

神がエデンの園で、アダムとエバに食べることを禁じた「禁断の果実」を指します。現代では不道徳なこと、違法なこと、禁じられたことでありながら、人々をひきつけるものに使われます。

・Having an affair with the boss's wife was, naturally, forbidden fruit, but Carl was unable to resist the temptation.
　上司の妻との不倫はもちろん禁断の果実だが、カールはその誘惑に抵抗することができなかった。

＊gospel truth
　イエスによって語られた gospel（福音）と同じように、否定しがたい真実のこと。

・Sally Mansford swore that her story of the incident was the gospel truth, but Detective Hinton was not convinced.
　サリー・マンスフォードは、その出来事について自分の語ることは絶対的な真実だと誓ったが、ヒントン刑事は納得しなかった。

＊olive branch
　オリーブの枝は聖書に登場する平和と和解のシンボル。日常生活で使われるときは、ふつうはオリーブの枝そのものを指すのではなく、敵対者との和解を表す印として使われます。

・To express his willingness to let bygones be bygones, Henry offered Benedict an olive branch in the shape of tickets to next Saturday's soccer match.
　過去のことはもう問わないという態度を示すために、ヘンリーは和解の印を、次の土曜日に行われるサッカーの試合のチケットという形でベネディクトに差し出した。

*Sunday best

「晴れ着」の意味。日曜日はキリスト教徒が教会に行く日で、彼らはいつも最上の服装で出かけます。

・He wore his Sunday best to the job interview.
彼は就職の面接に一張羅を着ていった。

*Mecca

Mecca はサウジアラビアのヒジャーズ地方の都市。ムハンマド生誕の地とされ、イスラム教最大の聖地です。それが可能なイスラム教徒はみな Mecca への巡礼を義務づけられています。日常生活で使うときは、特定の人々が特定の理由から非常に重要と見なし、頻繁に訪れる場所のこと。

・Monaco is a Mecca for gamblers, and its casinos attract millions of visitors every year.
モナコはギャンブラーのメッカであり、その地のカジノは毎年、数多くの訪問者をひきつけている。

*not know (someone) from Adam

この Adam は、エデンの園に住んでいたあの世界最初の人間アダムです。「アダムとの見分けがつかない」とは、つまりその人を「まったく知らない」という意味。

・The tall man nodded at Jeremy as if they were acquainted, but Jeremy didn't know him from Adam.
　背の高い男がまるでこちらを知っているかのようにジェレミーを見てうなずいたが、ジェレミーはその男をまったく知らなかった。

＊preach to the choir
　相手がすでによく知っていることを相手にわからせようとすること。教会の聖歌隊は各人が自発的に参加するものであり、聖歌隊員はすでに神の存在を信じている人たちです。したがって彼らに教えを説いてきかせる必要はない、というわけです。

・Bryant spent fifteen minutes explaining the superiority of single malt whisky over blended whisky to Grant, but he was preaching to the choir.
　ブライアントは、シングルモルト・ウイスキーがブレンドされたウイスキーよりも優れていると、15分も費やしてグラントに説明したが、これは釈迦に説法だった。

＊as ugly as sin
　単に「とても醜い」という意味。人間に対してだけではなく、見てくれのよくない無生物にも使われます。

・In addition to having an extremely bad temper, the boss of the Walton Gang was also disadvantaged by being as ugly as sin.

ウォルト組のボスはひどく気が短いだけでなく、非常に醜いという不利な点があった。

・The furniture in Gwendoline's apartment was fashionable and comfortable, but Jerry was of the opinion that the curtains were as ugly as sin.

グウェンダリンのアパートの家具はおしゃれで心地よかったが、ジェリーとしてはカーテンがひどく見苦しいと思っていた。

航海用語を用いた表現

英語の母国、かつて「7つの海を制した」ことのあるイギリスには、航海のもたらした遺産が豊富にあります。そして英語の表現や慣用句にも、それが反映されています。そのなかでもよく使われるものを紹介しましょう。

*above board

甲板の上またはその上空にあるものは、どこからも丸見えです。現代の英語でこのフレーズは、合法でなんの疑惑もないものに対して使われます。

・Despite his suspicions, the investigation revealed that the

company's dealings were all above board.
　彼の疑いにもかかわらず、調査の結果、その会社の取引はすべて公明正大であることが判明した。

＊all hands on deck
　これはもともと「乗組員全員、甲板に集まれ」という緊急時の命令でした。現在は、活動や催しなどのために人々を呼び集めるときの表現として使われます。

・A severe flood warning was issued, and the local police department called for all hands on deck to prepare for a potential evacuation.
　高レベルの洪水警報が出され、地元の警察は起こりうる避難に備えるよう全職員を招集した。

＊batten down the hatches
　batten は「締める」、hatch は船の内部への入り口。つまりこの「ハッチをすべて締めろ」は、航海中、嵐に襲われたときに発せられた命令です。海水が船内に入り込むのを防がなければならないからです。現在もこれと同じように、風雨が家や建物のなかに入らないようにするときに使われるほか、コンピュータや会社などの内部の情報が外部に漏れないようにするときにも使われます。

・The village was advised to batten down the hatches in preparation for the coming storm.

村はこれからやってくる嵐に備えるようにと忠告を受けた。

・The company battened down the hatches after it was discovered that vast amounts of personal information had been leaked.

膨大な個人情報が漏れていたことが発覚したのち、会社は防備を強化した。

*come alongside

もともとは2隻の船が横に並ぶこと。現在は、車や人など、なんであれ横に並んでいることを表すために使われます。

・Sarah was standing at the checkout counter when Judy came alongside.

サラがレジに並んでいると、ジュディがやってきて横に並んだ。

*cut and run

損失を少なく抑えて退却すること。もともとは、船が大型船や海賊船の来襲など勝ち目のない状況におかれたとき、危険から逃れるために錨索(びょうさく)を切り、全速力で逃げ出すという意味でした。現在は、費やした時間

や労力や資金を投げ出し、大急ぎで退却するという意味で使われます。

・Realizing that the situation was about to get out of hand, Amelia had no choice but to cut and run.
　状況がもはや手に負えなくなりつつあると察したアミーリアは、急いで逃げ出すしかなかった。

＊dead ahead
　もともとは船の真正面を指しますが、それ以外のものの真正面を表すのにも使われます。

・The couple turned the corner and saw the building dead ahead.
　ふたりが角を曲がると、その建物が真正面に見えた。

＊fend off
　船がほかの物体（別の船や埠頭など）と接触して損傷するのを避けること。現在は、攻撃や危険から身を守るときに使われます。

・With his arms full of packages, Smith was unable to fend off the attack, so he dropped everything and launched himself at his attacker.
　荷物をたくさん抱えていたので、スミスは攻撃をか

わすことができなかった。そこですべてを手放し、敵に向かっていった。

*go overboard

もともとは船から海に落ちるという意味。現在では、常識から外れた言動、社会的に見てやりすぎと思われる言動をとるという意味で使われます。

・Mr. Slatterly was as mad as a wet hen, but he didn't want to go overboard on his reaction, so he merely smiled and nodded his head sagely.
スラッタリー氏はかんかんに腹を立てたが、過度なリアクションはとりたくなかったので、ただ笑って分別臭くうなずいた。

*know the ropes

かつて航海では、あらゆるサイズのロープがさまざまな目的のために使われていました。船員たちはこうしたロープの置き場と機能を熟知していることを期待され、それを達成した船員は know the ropes と言われました。現代では、何かについての知識や経験をもっているという意味で使われます。

・Junior and the others had been monitoring the movements of the guards for over a week, and they now knew the ropes.

　ジュニアたちは1週間以上も警備員たちの動きを監視していたので、彼らの動きを今では心得ていた。

＊leeway

　leewayとは船の操舵(そうだ)に必要な余地のこと。もしも十分なleewayがなければ、船は座礁したり、ほかの船と衝突したりしてしまいます。ふつうの会話では、これと同じように、ある人が何かをするときに与えられる余裕や権限の意味で使われます。

・Terry's boss gave him as much leeway as he needed to make sure the report was finished on time.
　テリーは報告書を定時までに仕上げなければならなかったので、テリーの上司は彼にできる限りの余裕を与えた。

＊let the cat out of the bag

　このあとのover a barrelで説明するように、規則に違反した船員たちは鞭(むち)打ちの罰を受けたものでした。そのために使われたのがcat o' nine tails（九尾の猫）と呼ばれる鞭です。これは9本の長細い革（つまり尻尾）が1本の柄にくくりつけられたもので、よく略してcatと呼ばれていました。このcatが袋から取り出されるということは、誰かにとって悪い知らせです。こ

のことから、厄介なことが生じる情報を漏らすときに使われるようになりました。

・Ashley had no idea that her husband was having an affair with her best friend until her co-worker inadvertently let the cat out of the bag.
アシュリーは同僚がそのことをふと漏らすまで、夫が自分の親友と不倫をしているとは考えたこともなかった。

＊make headway
目的地に向かって進んでいく船というこのイメージを、現代では、進歩の期待されるあらゆるものに当てはめ、正しい方向に進んでいくという意味で用います。

・The development team was making headway with the revamped system, but it would still be another couple of weeks before it was up and running.
開発チームはシステムの改革に向けて進んでいたが、そのシステムが立ち上がり稼働するには、さらにまだ2、3週間かかるだろう。

＊over a barrel
航海中、規則に背いた船員への罰として最も一般的なのは、砲身（cannon barrel）に縛りつけて鞭打つ方法

でした。現代では、窮地に陥った人を表現する慣用句となって使われています。

・Greg knew that he had to destroy the video. If they used that as evidence, they'd have him over a barrel.
グレッグには、そのビデオを破壊しなければならないことがわかっていた。もしもそれが証拠として使われれば、グレッグは窮地に立たされることになる。

＊pipe down
もともとは、一日の終わりに甲板長が船員たちに終業と消灯を命じる号笛のこと。現代では相手に黙れと命じるとき（'Pipe down, for God's sake!'「お願いだから静かにしてくれ！」）、あるいは騒がしい状態が静かな状態に変わるときに使われます。

・Grady had to tell the band to pipe down so he could hear the voice at the other end of the telephone.
グレイディは電話の相手の声が聞こえるように、バンドの連中に静かにしてくれと言わなければならなかった。

＊run aground
もともとは船が座礁すること。失速して先に進まなくなったことを表現します。

・Simon's plan to break into the office ran aground when he noticed that lights were still on in the windows.

事務所に押し入ろうというサイモンの計画は、窓にまだ電気がついていることに気づいたとき、暗礁に乗り上げた。

*shoot across the bow

直訳は「船首（bow）を越えて撃つ」。つまり、別の船に向かって「進路を変えてここから去らなければ攻撃するぞ」という警告の発砲をすることです。現代では、厳しく警告することを意味します。以下の例文では shot across the bow（威嚇射撃、警告）という名詞の形で使用。

・Grant got his lawyer to issue a cease and desist order as his first shot across the bow, but he had something much more sinister planned for his second shot.

グラントは最初の警告として弁護士に停止命令を出させたが、第二の警告はもっと陰険な手段を用いようと計画していた。

*sound out

水深を調べるために、ロープに結びつけた錘を海底に沈めること。日常的には、相手の本心や考えを知るために探りを入れること。

・'The first thing I want to do,' said Graham, 'is sound out Malcolm to see if he really believes this crap.'

「おれがまずやりたいことは」とグレアムが言った。「マルコムがこの馬鹿げた話を本当に信じているのかどうか探ることだ」

*square meal

航海中の食事は天候によって違っていました。嵐で海が荒れるときは、温かい食事を調理するのが危険なので、船員たちは冷たい食事で我慢しなければなりません。しかし天気がよければちゃんとした調理ができるので、船員たちは四角い木製の皿に載った温かい料理を食べることができました。現代の英語では、square meal は量も栄養もたっぷりとした食事のこと。つまり、あり合わせの材料でいい加減に作った食事やファストフードではない食事です。

・Nine days and nights out in the field were beginning to affect Anthony's concentration. When he needed to focus, he found his thoughts turning to a square meal.

9日間、連日連夜、諜報活動の現場にいたことは、アンソニーの集中力に影響を及ぼしはじめていた。集中しなければならないときに、まともな食事のことをつい思い浮かべてしまうのだった。

＊take the wind out of (someone's) sails

直訳は「(他人の) 帆から風を奪い取る」。つまり、ほかの船の帆に風が当たらなくなるような位置に自分の船を進め、相手の船を減速させることです。この方法は、密輸船や海賊船などを捕獲するために用いられていました。現代では、相手のやる気や希望をくじくという意味で使われます。

・Greta was really looking forward to a winter vacation in Florida, so the company announcement that there would be no winter bonus took the wind out of her sails completely.
グレタはフロリダでの冬休みを本当に楽しみにしていた。だから冬のボーナスはなしという会社の通告に、ひどくがっかりした。

＊three sheets to the wind

sheet とは、横帆の張り具合をコントロールするロープ (帆脚索) のこと。このロープが緩ければ、帆はぱたぱたとはためき、船はジグザグに進んだりあてどなく漂ったりすることに。このことから、泥酔しているという意味で使われます。

・Misery affects different people in different ways. In Paul's case, it encouraged him to drink more than usual, and he was often three sheets to the wind by the early afternoon.

　不幸の与える影響は人によりさまざまだ。ポールの場合、いつもよりたくさん酒を飲むようになり、昼過ぎまでには泥酔していることがよくあった。

＊toe the line
　船員たちは甲板に整列するとき、爪先を一列にそろえるために、甲板の板材の継ぎ目を利用しました。このことから、日常的な用法では規則や方針に従うことを意味します。

・The captain warned Officer Brady that he would be put on traffic patrol if he didn't toe the line.
　警部はブレイディ巡査に、規則に従わなければ交通巡察をさせるぞと警告した。

＊true colors
　航海用語で color は flag（旗）のこと。昔も今も、船はその掲げている旗によって見分けることができます。その船の国籍、目的、状態（航行中か停泊中か）など、多くのことが旗からわかるのです。昔、国と国が争ったり海賊が暴れまわったりしていた時代には、よからぬ目的を持った船は、妨げを受けずに航行できるよう偽りの旗を掲げることがありました。それに対し true colors を見せるとは、本当の旗を見せるという

ことです。このフレーズは、日常的にはreal character（本当の性格）の婉曲表現となっています。つまり、ある人がそのtrue colorsを見せるということは、その人がふつうは隠そうとしている本来の性格を見せるということです。

・Everybody thought Jason was mild-mannered and polite, but the aggressiveness he displayed on the football field showed him in his true colors.
　ジェイソンは穏やかで礼儀正しいと誰もが思っていたが、彼がサッカーの競技場で見せた攻撃性こそ、彼の本来の性格なのだ。

* under the weather
　船首で見張りに立つ船員は、嵐などの悪天候の影響をもろに受けることになりますが、これをunder the weatherと言います。現代では、軽い病気や二日酔いなどで身体の具合があまりよくないときに使われます。

・Jill woke up feeling under the weather, but she couldn't afford to take a day off sick.
　ジルは目覚めたときあまり体調がすぐれなかったが、病気で休む余裕はなかった。

＊wide berth
　ほかの船と接触して破損することがないように、船と船とのあいだを十分にあけること。日常的な用法では、直接的な接触が好ましくないときに使われます。

・Shirley loved the smell of coffee, but it kept her awake at night so she gave it a wide berth.
　シャーリーはコーヒーの香りが好きなのだが、夜に眠れなくなってしまうので、コーヒーには近寄らないことにしていた。

スポーツ用語・ゲーム用語を用いた表現
　スポーツやゲームには、慣用句や比喩に取り入れられている用語や表現がたくさんあり、特に英語の場合はそれが多く見られます。本来なら長々しい説明になったはずのある状況を簡潔に描写するために、とても役立ちます。よく使われる表現を紹介しましょう。

＊across the board
　トランプのゲームに由来。誰かが不正に有利になることなく、全員が公平な立場に置かれていることを意味します。一般的な用法でもニュアンスは同じ。

・The union called for a ten percent raise across the board, but the company refused to enter negotiations.

組合は一律10パーセントの賃上げを要求したが、会社は交渉を拒否した。

＊at this stage in the game
テレビやラジオのスポーツ中継で at the present moment in time（現時点で）の代わりに使われるフレーズ。日常的な状況でも同じように使われますが、この場合、game（試合）は situation（状況）の意味。

・Three contenders are neck-and-neck in the election, and it is impossible to tell which one will take the lead at this stage in the game.
選挙において3人の候補者は接戦であり、現時点では誰が優勢になるか予測できない。

＊bark up the wrong tree
狩猟に由来。猟犬は誤って、獲物が隠れていない木の下でほえることがあります。このことから、誰かがまちがっているときに使われます。

・'You're barking up the wrong tree if you think I'm going to ask Patricia to marry me.'
「ぼくがパトリシアに結婚を申し込む気でいると考えているなら、きみはまちがっているよ」

＊blind-sided
　アメリカン・フットボールに由来。相手から見えない位置から攻撃をしかけること。一般的な用法では、予期していなかった問題で驚かされることを意味します。

・Usually a careful investor, Derek was blind-sided by the stock crash and lost most of his money.
　通常は慎重な投資家でありながら、デレクは株の暴落の不意討ちを食らい、大部分の財産を失った。

＊call the shots
　ビリヤードに由来。球をどのポケットに落とすかを、プレーヤーがあらかじめ宣言することを指します。一般的な用法では、決断を下す立場にいる、支配するという意味。

・Although Jeremy appeared to be in charge, in reality it was his boss who was calling the shots.
　ジェレミーがとり仕切っているように見えたが、実際に采配をふるっているのは彼の上司だった。

＊get a head start
　競馬に由来。ほかの馬より早くゲートを出た馬はスタート地点から優勢であることから、一般的には、は

かの人より先にスタートを切るという意味。

・Hampton left home at dawn to get a head start on the day's work.
　ハンプトンはその日の仕事を誰より先に始めるために、明け方に家を出た。

＊get one's second wind
　セーリングに由来。無風状態のあとで風が吹きはじめ、ヨットがスピードを増すこと。一般的には、疲れ切ったあとで、エネルギーのはけ口をふたたび見つけることを意味します。

・The discovery that Schneider had paid cash for a $50,000 car when his bank account was nearly empty blew the cobwebs from Grant's mind and gave him his second wind.
　グラントは自分の銀行口座がほぼ空っぽになっていたとき、シュナイダーが5万ドルの車を現金で支払ってくれていたことを知ったことで、頭のなかのもやもやが吹き飛び、ふたたびやる気が出てきた。

＊go to bat for someone
　野球でピンチヒッターとして打席に出ること。一般的な用法では、誰かを支援、または弁護すること。

・Brian couldn't stand by and watch Charles being blamed for something he didn't do, so he decided to go to bat for him.

　ブライアンは、チャールズがやってもいないことで非難されるのを黙って見ていることができなかったので、彼を支援することにした。

＊have the upper hand
　トランプのゲームに由来。ほかのプレイヤーより有利なカードを持っているため、勝てる見込みが大きいこと。一般的には、ある人がほかの人よりも優勢であること、あるいはある概念がほかの概念よりも優勢であること。

・Sheila was convinced that knowing her adversary would give her the upper hand, so she studied everything she could about him.

　シーラは敵を知ることで優位に立てると確信したので、彼について調べられることは何でも調べた。

＊hit below the belt
　ボクシングに由来。相手のベルトラインの下を攻撃することは反則ですが、審判が見ていなければそれも可能です。このことから、一般的な用法では、卑怯(ひきょう)なことをするという意味。

・Everybody was disgusted when Craig hit below the belt by stating that he was in love with the bride during his wedding speech.

クレイグが結婚式のスピーチで自分は花嫁と恋仲だったと話し、道義に反することをしたので、誰もが嫌な気分になった。

* hold all the aces
トランプのゲームに由来。エースのカードを4枚とも持っている人は、言うまでもなく圧倒的に有利です。日常的な用法でも同じニュアンス。

・Matthew was in trouble. No matter how he viewed his situation, his adversary was holding all the aces.

マシューは窮地に陥っていた。自分の置かれている状況をどこからどう見ても、敵が圧倒的に有利だ。

* home stretch
競馬のゴール前の直線コースのこと。慣用句としては、結末に近づいているという意味。

・It had been a long trek through the woods, but they were finally on the home stretch.

彼らは森のなかを長時間歩いてきたが、その旅もとうとう終わりに近づいた。

＊jump the gun

　陸上競技で、ピストルのスタートの合図より先に飛び出すという意味。一般的には、慎重に考えることなく行動する、先のことをよく考えずに決断を下す、という意味で使われます。

・The chief editor was of the opinion that John didn't have enough evidence to prove that the politician was guilty, and accused him of jumping the gun.
　編集長は、ジョンはその政治家が有罪であると証明する十分な証拠をつかんでいないと考え、ジョンが早まった行動をとっていると非難した。

＊keep one's head above water

　水泳に由来するフレーズですが、日常的な英語でwaterは、ものごとをうまく管理することを意味します。このフレーズは財政（A person who spends more money that they earn is having trouble keeping their head above water. 稼ぎ以上にお金を使ってしまう人は、やりくりに苦労する）、勉強（A person who is unable to absorb all of the information they receive during their studies is having trouble keeping their head above water. 勉強時間に学んだすべての情報を吸収できない人は、やっていくのに苦労する）、仕事などに使うことができます。

・Even working until eleven o'clock at night every day, Jason was still unable to keep his head above water.

毎晩 11 時まで働いているにもかかわらず、ジェイソンはいまだに仕事をうまくやり繰りできない。

＊level playing field
アメリカン・フットボールに由来。競技場が平らならば、どちらかのチームが有利になるということなく、どの選手も同じ条件のもとで試合をすることができるという意味です。一般的な用法でもニュアンスは同じですが、成功のチャンスが誰にでも平等に与えられているあらゆる状況で使われます。

・As a journalist on a small town newspaper, all Sarah wanted was a level playing field on which she should compete equally with the city journalists from national newspapers.

小さな町の新聞の記者としてサラが望んでいることは、都会にいる全国紙の記者と同等に張りあうことだけだった。

＊long shot
狩猟で遠くから獲物を撃つこと。これはもちろんとても難しいことなので、一般的な用法でも、成功の見込みが少ないときに使われます。

・Stephen suggested that they simply contacted the victim's daughter and asked her about the murder, but considering she was only seven years old at the time, Timothy thought that it was a long shot.

　スティーヴンは、とにかく被害者の娘とコンタクトをとって殺人のことを訪ねてはどうかと提案した。だが、その娘が当時たったの7歳だったことを考えると、それは難しいとティモシーは考えた。

＊not up to par
　par（パー）とは、ゴルフでボールをホールに入れるまでの基準の打数。パーを達成できなかった人とは、その打数以内でボールをホールに入れることができなかった人のこと。一般的な用法では、このフレーズは「基準に達していない」という意味で使われます。

・Jerome was furious at being fired. The excuse they used was that his performance had not been up to par, but he knew he had done a great job, so there had to be another reason.

　ジェロームは解雇されたことに憤慨した。彼らの言い訳によれば、ジェロームの業績が基準に達していなかったというのだが、彼は自分がよい仕事をしたことを知っていた。だから別の理由がなければならない。

＊off the hook
　釣りに由来。魚が針にかかったあと逃げてしまうこと。一般的な用法でも同じように、不快な状況から逃れたとき、危機から解放されたときなどに使われます。

・In consideration of the scandal it would cause, the company let Bill off the hook for embezzlement as long as he repaid the money he stole.
　会社側はそれが引き起こすスキャンダルを考慮し、ビルが盗んだ金を返すならば、彼を着服の罪に問わないことにした。

＊out of someone's league
　スポーツ全般に関わるフレーズで、まったく技術が劣るため対戦相手にならない、という意味。日常的な状況でもまったく同じニュアンスで使われます。

・Blake would have given anything to have the courage to ask Maria out on a date, but he knew he was completely out of her league.
　ブレイクはマリアをデートに誘う勇気が持てるならどんなものでも差し出しただろうが、自分がまったく彼女の相手になれないことを知っていた。

＊par for the course
　ふたたびゴルフの par の登場です。でもこちらは、標準的、典型的であることを意味しています。

・'Overeating at Thanksgiving is par for the course in my family,' said Stewart wryly.
　「収穫感謝祭に食べすぎることは、わが家では当たり前さ」苦笑いをしながらステュアートが言った。

＊quick out of the blocks
　陸上競技に由来。この blocks は、短距離走の走者がクラウチング・スタートの際に足を置く、傾斜のついたブロックのこと。最初の一歩を踏み出すときの滑り止めになります。このフレーズは、日常的には何かを素早く始めるときに使われます。

・Stafford was a very shrewd investor who was one of the quickest out of the blocks to recover from the crash of 2008.
　スタッフォードはやり手の投資家であり、2008年の株の暴落からいち早く抜け出したひとりだった。

＊shot in the dark
　見てのとおり狩猟の用語で、暗くて目がよく見えないなかで銃を撃つこと。慣用句としては、当てずっぽ

うで言うという意味。

・When she asked him what he thought her major had been, Roy took a shot in the dark and said 'Biology!'
　私の専攻科目はなんだったと思う？　と彼女に聞かれ、ロイは当てずっぽうで言った。「生物学！」

＊skate on thin ice
　薄い氷の上でスケートをすることは、氷が割れて水のなかに落ちるかもしれないので避けるべき。慣用句でも、ある行動がとても危険であることを表します。

・'You're skating on thin ice by not giving Grayson the full story.'
　「グレイソンにすべてを打ち明けていないなんて、きみは危険なことをしているぞ」

＊step up to the plate
　バッターが打席に出るという、ごく単純な意味の野球用語ですが、一般的な用法では、責任を負い、正しく立派な行いをするときに使われます。

・Dewer decided that it was time to step up to the plate and apologize for his mistake.
　今こそ自分の誤りを認めて謝罪するべきだとデュワ

ーは決心した。

* take a rain check
　rain check とは、野球の試合が雨で延期になったとき、その試合のチケットを買っていた観客が受け取るチケットのこと。このフレーズは慣用句としては、そのときの誘いを断り、またの機会にと約束するときに使われます。

・Stanley took a rain check on Geraldine's invitation to the party, claiming that he already had a prior engagement for that day.
　スタンリーはジェラルディンからパーティーに招待されたが、その日は先約があるのでまたの機会に、と返事をした。

* take sides
　どの団体競技でも使われる用語で、観客がどちらかのチームを応援すること。一般的な用法では、議論のどちらかの側に味方すること。

・One of the things that Theresa hated about office life was being forced to take sides in all petty arguments.
　会社生活でテレサが嫌っていることのひとつは、ささいな口論で必ずどちらかの側につかなければならな

いことだ。

*take the bull by the horns

雄牛の角をつかむとは、闘牛で最も危険な行為のひとつ。一般的な用法では、問題に真っ正面から向きあい、解決のためにあらゆる努力を払うという意味で使われます。

・The time for Aron to take the bull by the horns and tell his boss that he was wrong had arrived.
アーロンにとって、問題に正面から向きあい、自分がまちがっていたと上司に話すときが来た。

*the ball is in your court

テニスに由来。ボールが相手方のコートにあるとなれば、次にボールを打つのは相手であることになります。慣用句としては、相手が次に動くまで自分は何もできない立場にいるとき、相手に決定権や責任を負わせるときに使われます。

・Refusing to accept the telephone call effectively put the ball in Jason's court.
電話を受信拒否しているおかげで、ジェイソンに責任をうまくなすりつけることができた。

＊throw in the towel
　ボクシングに由来。ボクサーがひどく負けているとき、介添人はリングにタオルを投げ入れ、彼がさらに痛めつけられる前に試合をやめさせます。一般的な用法では、単に諦めるという意味。

・Pamela had spent nearly seven hours checking every book related to New York in the 1920s available in the library without success, and she knew it was time to throw in the towel.
　パメラは図書館で1920年代のニューヨークに関する本を閲覧できるかぎり調べることに7時間近く費やしたが、成果はあがらず、そろそろ諦めるときだと判断した。

よく使われている省略版のことわざ・格言
　英語には、日常的によく使われることわざや格言がたくさんあります。それらの多くは、日本語にもほぼ同じ意味のことわざや格言があることから、比較的容易に意味を理解することができるでしょう。けれども英語のことわざや格言には、誰もがよく知っていることから日常生活では省略された形で使われるものが数多くあり、そうなるとネイティブスピーカー以外には、その全体の意味を推測するのがとても難しくなります。なかにはそのことわざや格言の2語か3語しか使わず

に全体の意味を表現しているものもあるため、ますます難しくなってしまうのです。この項では、よく省略して使われることわざや格言を、その省略していない形と解説とともに紹介していきます。省略版のことわざや格言は、地の文よりも会話文で使われる傾向があることを、覚えておくとよいでしょう。

* **Bad penny → A bad penny always turns up**
悪貨は必ずまた現れる
bad penny（悪貨）は厄介なものや人を表す婉曲表現。ですから目の前に現れてほしくはないのですが、都合の悪いときにふたたび登場する、というわけです。

・June was about to begin an on-line search for articles related to the incident when Inspector Smithers entered the room; the bad penny as always.
ジューンが事件に関連する記事をネットで検索しようとしたちょうどそのとき、スミザーズ警部が部屋に入ってきた。厄介な人物はいつだってまた現れるものだ。

* **A bird in the hand → A bird in the hand is worth two in the bush**
手のなかの1羽は藪のなかの2羽の価値
よく使われることわざで、自分の持っているもので

満足するほうが、よりよいものを求めてそれを失う危険をおかすよりもよい、という意味。

・'You realize that only one of the pair is practically worthless, right?' asked John, indicating the candlestick that Josephine was holding.
'A bird in the hand,' replied Josephine with a wink.
「2本組なのに1本しかないんじゃ、実際は役に立たないってわかってるよな?」ジョゼフィーンの手にしているろうそくを見てジョンがたずねた。
「手のなかの1羽は……よ」ジョゼフィーンはウィンクをしながら答えた。

＊A fool and his money → A fool and his money are soon parted
愚か者とその金はまもなく別れる運命
説明するまでもなく、お金を慎重に扱うには知恵が必要という意味。

・'Gerald has spent most of the year traveling first-class around Europe,' said Hazel. 'I guess it's true what they say about a fool and his money.'
「ジェラルドったら1年の大半をファーストクラスでヨーロッパ旅行してるのよ」とヘイゼルが言った。「馬鹿とそのお金は……と言うけれど、それは本当ね」

*A journey of a thousand miles → A journey of a thousand miles begins with a single step

千マイルの旅も一歩から始まる／千里の道も一歩から

6世紀の中国の思想家、老子による格言。最初の一歩を踏み出さなければ進歩はない、という意味。

・Brian looked Charles in the eye and said, 'Look, we have to start somewhere, and this is as good a place as any. Haven't you ever heard the saying about a journey of a thousand miles?'

ブライアンはチャールズの目をじっと見て言った。「なあ、ぼくたちはどこからか始めなくちゃならないんだ。そしてここは、出発点としてほかの場所に劣りはしない。千里の道も……という格言を聞いたことはないか？」

*A little learning is a dangerous thing → A little learning is a dangerous thing, drink deep, or taste not the Pierian spring

わずかばかりの学びは危険なもの。深々と飲め、さもなければピエリアの泉の水を味わってはならない／生兵法は大けがのもと

わずかな知識があると、人は実際よりも自分を専門家だと勘違いしてしまいがちだという意味。learning

（学び）が knowledge（知識）になっている場合もあります（A little knowledge is a dangerous thing）。実は、これは 18 世紀初めに、Alexander Pope が韻文で書いた *An Essay on Criticism* から取られた 2 行です。このあとの 2 行も続けて以下に載せておきましょう。2 行目は「熱心に勉強するのでなければ無知のままでいなさい」という意味。

A little learning is a dangerous thing,
drink deep, or taste not the Pierian spring:
there shallow draughts intoxicate the brain,
and drinking largely sobers us again.
生半可に学ぶは危険なこと
深々と飲め、さもなくばピエリアの泉の水を味わってはならぬ
浅くすするは銘酊(めいてい)のもと
おおいに飲めば素面(しらふ)に戻る

・'I want you to learn everything there is to learn about that company. Shady deals, trouble with the law, dissatisfied clients or employees, everything! Remember, a little learning is a dangerous thing.'
　「あの会社に関して知ることのできることはすべてきみに知ってもらいたい。怪しげな取引、法律上のトラブル、不満を抱く顧客や従業員、何もかもだ！ 覚えておけ、生兵法は大けがのもとだからな」

* **A penny saved → A penny earned is a penny earned**
**節約した1ペニーは儲けた1ペニー／1銭の節約は
1銭の儲け**

節約に関してよく使われることわざ。使ってから稼ぐよりも節約するほうが簡単、という意味。

・'I've got the air tickets!' called Imelda brightly. 'We're going economy!'
'Economy?' repeated David incredulously. 'Why economy, for God's sake?'
'A penny saved,' smiled Imelda.
　「航空券をとったわよ！」イメルダがうれしそうに言った。「私たち、エコノミークラスで行くの！」
　「エコノミー？」信じられないというように、デイヴィッドがききかえした。「いったいどうしてエコノミーなんだ？」
　「1銭の節約は……って言うでしょ」イメルダがほほえんだ。

* **A poor craftsman → A poor craftsman always blames his tools**
技術の乏しい職人はいつもその道具を非難する

　このことわざには、craftsmanの代わりにworkmanが使われることもあります。会話では、職業としての仕事であれ日常の雑事であれ、何かがうまくいかない

のは自分の使っている道具だ、と言っている人を表したものです。日本語のことわざ「弘法筆を選ばず」は、逆の方向から同じ内容を表現したものと言えるでしょう。

・'Did you find out where Bristol was yesterday?'
'No, I'm afraid not. The surveillance camera wasn't working.'
'Hell, Brett! Talk about a poor craftsman. Isn't there any other way you can find out?'

「きのうブリストルがどこにいたかわかったか？」
「いえ、わかりませんでした。監視カメラが作動していなかったんです」
「なんだと、ブレット！ 下手くそな職人は……とはまさにこのことだ。ほかに調べる方法はなかったのか？」

＊A problem shared → A problem shared is a problem halved
問題は人に話せば半分になる
親身になって聞いてくれる相手に悩みごとを話せば、プレッシャーは半減するという意味。

・'Thanks for listening to my complaints, Jill. I really appreciate it.'

'No problem,' said Jill. 'A problem shared.'

「愚痴を聞いてくれてありがとう、ジル。本当に感謝するよ」

「どういたしまして」ジルが言った。「問題は人に話せば……っていうでしょ」

*A rolling stone → A rolling stone gathers no moss
転がる石に苔は生えない／転石苔を生ぜず

　このことわざはもともと、特定の土地に根を下ろさずに暮らす遊牧民は、責任を負うことなく幅広い知識を身につけることができる、という意味でした。現代では、行動しつづける人には新しいアイディアや創造性が次々と湧いてくる、という意味で使われています。ただし、このことわざには別の解釈もあります。その場合は moss（苔）を肯定的にとらえ、一カ所にじっくりと腰を落ち着けなければ成功はありえない、という意味になります。

・Patrick was a rolling stone when it came to anything related to art.

　パトリックはアートに関して言えば、転がる石だ。

*A woman's work → A woman's work is never done
女の仕事が終わることはない

　この格言は以下の古い二行詩がもとになっています。

Man may work from sun to sun,
But woman's work is never done.
男は日の出から日の入りまで働く
だが女の仕事は終わることがない

　男性は決められた時間に働くだけですむのに対し、女性は家庭内で起こるさまざまな問題に対処するため24時間態勢でいなければならない、という意味。現代では、女性がするあらゆる仕事について使われます。女性が男性と同じ報酬を得るには、男性よりも一生懸命仕事をしなければならないという状況を、うまく言い表していますから。

・Oliver looked at his watch and said, 'Are you still here, Betty? It's nearly midnight, you know.'
'I won't be much longer,' replied Betty. 'I just need to get a few things done. A woman's work, huh?'
　オリヴァーは腕時計を見て言った。「ベティ、まだ寝ないのか。もう12時近いよ」
　「もうすぐ寝に行くわ」ベティが答えた。「あと二、三することがあるの。女の仕事は……って言うでしょ?」

＊Accidents will happen → Accidents will happen in the best-regulated families
災いは最も怠りない家庭にも起こる

このことわざ自体は家庭内の災いのことを語っていますが、家庭内に限らずどんな状況でも、予期せぬ災いが起きるのは避けられない、という意味で使われます。

・'Ouch!' cried Justin, shaking the hot coffee off his hand. 'That was hot!'
'Sorry, Justin. Accidents will happen.'
　「あちち！」手にかかった熱いコーヒーを振り払いながらジャスティンが叫んだ。「ごめんなさい、ジャスティン。災いって起こるものよね」

＊All work and no play → All work and no play makes Jack a dull boy
仕事ばかりで遊びがないと、ジャックはつまらない少年になる
　このことわざは日常の会話だけでなく、メディアでもよく使われます。たとえばスタンリー・キューブリック監督の映画『シャイニング』（1980）では、主人公ジャックが異常なまでに何度も何度も、このフレーズをタイプで打ちつづけます。見てのとおり、娯楽なしに仕事ばかりすることはよくない、という意味。

・'How about spending Sunday on the river? We could do a bit of fishing.'

'Sorry, Phil, I can't. I have an important meeting on Monday, and I need to prepare for it.'
'Oh, come on! Forget about work for a day! All work and no play... You need a rest.'

「日曜日は川に行かない？ 釣りができるよ」

「ごめん、フィル。だめなんだ。月曜日に重要な会議があって、その準備をしなくちゃならないんだ」

「それはないよ。一日ぐらい仕事を忘れなよ。仕事ばかりで遊びがないと……っていうじゃないか。きみには休みが必要だ」

＊An ounce of prevention → An ounce of prevention is worth a pound of cure
1オンスの予防は1ポンドの治療の価値／転ばぬ先の杖(つえ)

cure（治療）という語があることから、病気について語っているように見えますが、実はあらゆることに関して使われます。起こりうる問題を予防するほうが、あとでそれが起こってから対処するより労力も費用もかからない、ということです。ちなみに、1オンスは1ポンドの16分の1。

・Mr. Carter took a deep breath and cleared his throat before launching into his speech. 'This year's key phrase,' he finally said, 'is an ounce of prevention. We can no longer afford to waste valuable resources on damage control after the fact.'

　カーター氏は息を深く吸い、咳払いをしてからようやくスピーチを始めた。「今年の標語は『転ばぬ先の杖』です。被害の事後処理で貴重な労力を無駄にする余裕は、もはやありません」

*Any port → Any port in a storm
　嵐のときはどんな港でも

　海で嵐にあった場合は、どれほど不適切な港であってもそこに避難するべきだという意味。日常会話では、窮地に立たされた人はどれほど不適切でも成り行きに任せるしかないという意味。

・'Are you crazy?' asked Paul. 'You took your ex-wife to dinner and then spent the night with her?'
　Ray smiled wryly and shrugged. 'Any port,' he said.
　「気でもおかしくなったのか？」ポールがたずねた。「元妻をディナーに連れ出して夜を一緒に過ごすなんて」
　レイは苦笑いして肩をすくめた。「嵐のときはどんな港でも、と言うじゃないか」

*Behind every great man → Behind every great man there's a great woman

すべての偉大な男の陰には偉大な女あり

おそらく20世紀半ばごろに作られたと思われる、比較的新しい格言。陰で背中を押してくれる女性がいなければ、男性は偉大な業績を達成できない、ということです。社会がフェミニズムを受け入れるようになるにつれて広く使われるようになり、今では文学だけでなく、日常会話でも使われるようになりました。

・Gloria was the epitome of the great woman behind every great man.

グローリアは偉大な男の陰に必ず存在する偉大な女性の典型だった。

*Better the devil you know → Better the devil you know than the devil you don't

知らない悪魔よりは知っている悪魔のほうがまし。

権威の座を争っている候補者がふたり以上いて、どの人も適任ではないと思える場合、すでに知っている候補者を支援するほうが、その行動の予測がつく分だけましだ、という意味。同じような場合なら、人間だけではなく無生物（たとえば製品や料理など）にも使えます。

・'Why did you order the lamb? It looks awful!'
'Everything they serve here is awful. The lamb is the devil I know.'

「どうしてラム肉なんか注文したの？ まずそうよ！」

「ここで出される料理はどれもまずいんだ。ラム肉なら、知っている悪魔だからね」

*Birds of a feather → Birds of a feather flock together
同じ羽毛の鳥は群れをなす／類は友を呼ぶ

共通点のある人たちは、自然と同じ行動をとったり同じ信条を持っていたりするという意味。

・'I'm voting Republican this year,' claimed Harrington smugly.
'You're kidding me,' said Joyce in disbelief. 'How can you vote for more of that old right-wing crap?'
'You don't know what you're talking about,' said Joyce's husband. 'I'm voting Republican, too.'
'Oh, Jesus,' muttered Joyce under her breath. 'Birds of a feather.'

「ぼくは今年は共和党に投票するんだ」ハリントンが気取ったようすで言った。

「冗談でしょ」信じられないというようにジョイスが言った。「あんな老いぼれのクソ右翼にもう1票だ

なんて、どうしてそんなことができるの？」

「自分が何を言ってるのかわかってないな」ジョイスの夫が言った。「おれも共和党に投票するよ」

「まあ」ジョイスが小声でつぶやいた。「類は友を呼ぶ、ね」

＊Do unto others → Do unto others as you would have them do unto you
自分にしてもらいたいように他人にもせよ

黄金律、あるいは相互関係の倫理として知られる格言。世界の多くの文化や宗教に見られます。自分が他人からしてもらいたいように、自分も他人に接するべきだという意味。

・'You're going to have to get rid of that attitude, Jeff,' said Spike, shaking his head sadly. 'It's about time you started doing unto others.'

「ジェフ、その態度はいかんな」悲しげに首を横に振りながらスパイクが言った。「そろそろ、自分がしてもらいたいように他人にもするべきだ」

＊Don't count your chickens → Don't count your chickens before they are hatched
卵からかえる前にひよこを数えるな／取らぬ狸(たぬき)の皮算用

幸運が期待されても、実現するまではそれを将来の計画に入れてはならないと諭すことわざ。

・Grace was sure that her aunt had provided for her in her will and was tempted to book a long vacation in the Caribbean, but she didn't want to count her chickens so resisted the temptation.
グレイスは、伯母が自分に遺産をくれると遺言に書いているはずだと確信していたので、カリブ海での長い休暇を予約したい誘惑にかられたが、取らぬ狸の皮算用はしたくなかったので、誘惑に抵抗した。

*Don't let the grass grow → Don't let the grass grow under your feet
足もとに草を生やすな
行動することを常に怠るな、どんな機会も見逃すな、という意味の格言。足もとに草が生えるということは、立ち止まっていて進歩がないということになります。

・'We're going to have to work hard on this deal if we want to clinch it. We can't let the grass grow.'
「この取引をまとめたければ、一生懸命努力しなければならない。足もとに草を生やすわけにはいかないのだ」

＊Don't spoil the ship → Don't spoil the ship for a ha'porth of tar
わずかなタールを惜しんで船を台無しにするな

　イギリスの昔の海軍に由来することわざ。ha'porthはhalfpenny worth（半ペニーの価値）を意味する古い英語で、tarは防水のために板と板のあいだに塗られた「タール」。ごく安価なタールをケチったために船に水が入り込んでは、元も子もありません。つまり、ある事業や計画に多大な時間や資金を費やしたあと、わずかな出費をケチったために、あるいは小さな手間を惜しんだためにそれを台無しにしてはならない、ということです。

・'We can't subcontract this work out to another company, even if they can do it cheaper. We can't afford to spoil the ship at this stage. Tell Greg to get it done in-house!'
　「この仕事をよその会社に下請けに出すわけにはいかないんだ。たとえそのほうが安くてもな。これまでやって来たことをこの段階で台無しにするわけにはいかない。社内で仕上げろとグレッグに伝えてくれ！」

＊Eat, drink and be merry → Eat, drink and be merry, for tomorrow we die
食べよ、飲め、楽しめ。明日は死ぬのだから

　聖書のふたつの箇所──伝道の書（コヘレトの言葉）

第2章　日本人にとってわかりにくい英語

8章15節とイザヤ書22章13節——のよく似た行を組みあわせた格言。将来を案じることなく、今この瞬間を楽しみなさいと奨励するものです。けれども一般には、食べて飲むことを人々に勧めるフレーズとして使われることが多く、パーティーの始まりの乾杯などでよく用いられています。

・The president concluded his speech by waving his hand toward the tables laden with food and inviting everybody to eat, drink and be merry.

　会長はスピーチを終え、料理が並ぶテーブルを手で指し示しながら、さあ皆さん、食べて飲んで楽しんでくださいと言った。

* **Empty vessels → Empty vessels make the most noise**
　空っぽの器ほど大きな音がする

　知性の足りない人ほどあれこれしゃべりたがるという、やや侮蔑的な格言。この empty vessels は「中身のない頭」を意味しているのです。

・'Mr. Parry would like to see you in his office, Jenny.'
'Again? What on earth makes him think I have another hour to spare chatting with an empty vessel?'

　「ジェニーさん、パリーさんがあなたにオフィスでお目にかかりたいそうです」

「また？ 空っぽの器と話す時間が私にもう1時間あると思うなんて、あの人、どうかしてるわ」

* Fools rush in → Fools rush in where angels fear to tread
天使が踏むのを恐れるところに愚か者は突進する
Alexander Popeによる格言。愚かな人は、あと先のことをじっくり考える人よりも危険に突進していくものだ、という意味。省略版で使われることのほうが多いようです。

・Sidney was never a guy to worry about fools rushing in, and he lost a fortune on bad investments.
シドニーはあと先のことを心配するような男であったことはなく、下手な投資で財産を失った。

* Give a man enough rope → Give a man enough rope and he will hang himself
十分な長さのロープを与えれば、彼は自分の首を絞めることになる
悪い意図をもつ人にそれを行う自由を与えれば、その人は捕らえられ、罰せられることになるという意味。

・'I found out that Curtis is cheating on Gloria. I feel morally bound to tell her, but I don't know if I should.'

'Leave him to it. She'll find out eventually. Give the man enough rope.'

「カーティスがグローリアをだましていることがわかった。道徳的に見れば彼女に話さなくてはならないと思うんだが、そうするべきかどうかわからないんだ」

「彼のしたいようにさせておきなさいよ。彼女はいずれ気づくでしょう。十分な長さのロープを与えれば……っていうじゃないの」

＊Hell hath no fury → Hell hath no fury like a woman scorned
地獄にはさげすまれた女ほどの激しい怒りはない

William Congreve が戯曲 *The Mourning Bride*（1697）で用いた言葉に基づく格言。もともとは Heaven has no rage like love to hatred turned, nor hell a fury like a woman scorned.（天国には、愛が憎しみに転じたときのような激しい怒りはない。同様に地獄にもさげすまれた女ほどの激しい怒りはない）という言葉であったものがパラフレーズされています。この格言は、妻か恋人をひどく怒らせそうなことをするようにと要求されたとき、それを断るための弁解として男性がよく使います。

・'How about a few drinks after work, Peter? I know a great little bar around the corner.'

'Sorry, I can't. I promised Jean that I'd be home early.'
'Oh, come on. Just a couple of beers. An hour at the most.'
'No way! Hell hath no fury.'

「ピーター、仕事のあとで飲みにいかないか？ 角を曲がったところにすごくいい小さなバーがあるんだ」

「ごめん、行けないんだ。ジーンに早く帰ると約束したんでね」

「おいおい。ビール2、3杯だよ。せいぜい1時間しかかからないって」

「いや、だめだ！ 地獄には馬鹿にされた女ほどの……っていうじゃないか」

＊If the shoe fits → If the shoe fits, wear it
  靴が合うなら履きなさい

イギリスの格言 If the cap fits, wear it（帽子が合うなら被りなさい）のアメリカ版。ただしアメリカ版は今ではイギリスでもよく使われています。ある人が非難を受けた場合、思い当たる節があるなら自分のこととして受け入れるべきだ、という意味。

・'Andy is mad because the boss called him useless,' said Conner.
Megan shrugged. 'If the shoe fits,' she said.

「上司に役立たずと言われてアンディは頭に来てるんだ」コナーが言った。

ミーガンは肩をすくめて言った。「靴が合うなら……よね」

* If you can't stand the heat → If you can't stand the heat get out of the kitchen
暑さに耐えられないのなら台所から出なさい

この格言の heat は pressure を表す比喩。そして kitchen はあらゆる状況を表すたとえとなります。つまり、ある状況（たとえば仕事など）のプレッシャーに耐えられないのなら、文句を言うのではなくそれをやめなさい、ということです。

・Trevor knew that Simon was having trouble standing the heat, and expected him to hand in his notice before the month was out.
トレヴァーはサイモンが重圧に耐えられないことを知っていたので、その月が終わる前に彼が辞表を出すのではないかと予期していた。

* Jack of all trades → Jack of all trades, master of none
ジャックはどんな職でもこなすが、どの職の達人でもない／多芸は無芸、器用貧乏

あらゆることに手を出すものの、どれにもとりたてて秀でてはいない人のこと。

・Derek had many hobbies, including photography, watercolor and oil painting, but he was willing to admit that he was a Jack of all trades.

　デレクには写真、水彩画、油絵など、たくさんの趣味があったが、多芸は無芸であることを自分から認めていた。

＊Marry in haste → Marry in haste, repent at leisure
あわてて結婚すれば、じわじわと後悔することになる

　300年以上も用いられてきた格言。不似合いな相手とあわてて結婚する人は、その後ゆっくりと時間をかけてその結婚を後悔することになる、という意味。

・'Greg, you've only known her for a few months. You can't possibly be thinking of marriage!'
'I've thought it through, and I'm convinced we're right for each other. I'm going to propose to her over dinner tonight.'
'That's ridiculous! Haven't you heard what people say about marrying in haste?'

「グレッグ、おまえは彼女と知りあってからまだ2、3カ月しかたっていない。まさか結婚を考えているんじゃないよな」
「じっくりと考えた結果、お互い相手としてぴったりだと思うんです。今晩、ディナーのときにプロポー

ズしようと思うんです」

「馬鹿げている！　あわてて結婚すれば……と言われているのを聞いたことがないのか？」

＊Oil and water → Oil and water don't mix
油と水とは混ざりあわない

ふたりの人がまったく異なる性格で、到底うまくやっていけそうにない、という意味。chalk and cheese（チョークとチーズ）も同じ意味で使われます。

・Patrick was reluctant to invite Pamela to join the project. She and Allison were like oil and water, and Patrick didn't want any personality clashes during work.

パトリックはパメラをそのプロジェクトに誘うことに気が進まなかった。パメラとアリソンはまるで油と水で、パトリックとしては仕事中に性格の不一致でもめてほしくなかったのだ。

＊One man's meat → One man's meat is another man's poison
ある人にとっての肉はほかの人にとっての毒／甲の肉は乙の毒

人によって好みが異なるのは当然、という意味。

・'You shouldn't criticize Bill just because he has different

political beliefs. One man's meat.'
「ビルがきみとは異なる政治的信条を持っているからといって、彼を批判するべきではないよ。甲の肉は乙の毒さ」

＊People who live in glass houses → People who live in glass houses shouldn't throw stones
ガラスの家に住む者は石を投げるべきではない
14世紀末からよく使われていることわざ。批判の余地がない人間でもないかぎり、他人を批判するべきではないという意味。

・'I don't think Larry is suitable for the job. He drinks too much.'
'Are you sure that's a good enough reason? I seem to remember you being drunk on one or two occasions. People who live in glass houses.'
「ラリーはこの仕事に向いていないと思うんだ。飲んだくれだからな」
「そんなの理由になるかしら？　あなただって1、2度酔っ払っていたのを覚えているわよ。ガラスの家に住む者は……よ」

* **Sticks and stones → Sticks and stones may break my bones, but words will never hurt me**

棒や石で骨を折られることはあるかもしれないが、言葉なんか痛くない

子ども向けの詩に由来。言葉でいじめられても怖がらないようにと、子どもたちを励ますための格言です。

・'You're a real jerk, Derek!'
'Call me what you like, it doesn't bother me in the least. Sticks and stones.'

「デレク、あんたってほんと、やなやつね！」
「なんとでも呼べよ。おれはちっとも困らないから。棒や石で……っていうやつさ」

* **The grass is always greener → The grass is always greener on the other side of the fence**

柵のあちら側の草はいつだってこちら側より青々としている／隣の芝生は青い

人は自分の持っているもので満足することが決してなく、他人の持っているものをほしがる、という意味。

・'Harold really annoys me at times,' said Gloria irritably. 'He has only been working for his present company since last October, and he's already talking about looking for a new job.'

'The grass is always greener,' commented Liz sagely.

「ハロルドにはときどきほんとにイライラしちゃう」グローリアはいらだたしげに言った。「去年の10月からご両親の会社で働きはじめたばかりなのに、もう転職したいなんて言ってるの」

「隣の芝生は青い」リズはとり澄まして言った。

＊Too many cooks → Too many cooks spoil the broth
料理人が多すぎるとスープがだめになる／船頭多くして船山にのぼる

何かをするときにあまりに大勢がかかわると台無しになってしまう、という意味。

・Graham assigned only three engineers to the project in order to avoid a too-many-cooks situation.
船頭多くして……の状態を避けるために、グレアムはそのプロジェクトにエンジニアを3人しかあてがわなかった。

＊When in Rome → When in Rome, do as the Romans do
ローマにいるときはローマ人がするようにせよ／郷に入りては郷に従え

そのときにいる場所の習慣やしきたりには、その有効性を問うたりせず、とにかく従うのがよい、という

有名なことわざ。

・George took another glass of champagne from the tray and sipped it.
'Haven't you had enough already?' asked his wife.
George glanced around at the room full of half-drunk people, and said, 'When in Rome.'
　ジョージはトレーからシャンパンのグラスをさらに取り、それをすすった。
　「もう十分飲んだんじゃないの？」妻が言った。
　ジョージはほろ酔い加減の人でいっぱいの部屋を見まわして言った。「郷に入りては……だよ」

＊When the cat's away → When the cat's away the mice will play
猫のいない間にねずみは遊ぶ
　人間は監督者がいないと怠けがちだという意味。

・Paul Davis returned to the office to find everybody clustered around a TV watching the football game. 'Typical!' he muttered under the breath. 'When the cat's away…'
　ポール・デイヴィスがオフィスに戻ると、みんながテレビのまわりに集まり、サッカーの試合を観ていた。「よくあることだ！」彼は小声でつぶやいた。「猫のいない間に……」

* **Where there's a will → Where there's a will there's a way**

意志あるところに道は開ける

成し遂げようという強い気持ちがあれば何ごとも可能となる、という意味。

・'Where the hell are you going to get your hands on eighteen-thousand dollars in just two days?' asked Morris. Dave tapped the side of his nose conspiratorially and said, 'Where there's a will.'

「たった2日間で18,000ドルなんて、いったいどこで手に入れるつもりなんだ？」モリスがたずねた。

デイヴはいわくありげに鼻のわきを軽くたたいて言った。「意志あるところに……」

* **You can lead a horse to water → You can lead a horse to water, but you can't make it drink**

馬を水辺まで連れていくことはできても、馬に水を飲ませることはできない

誰かに何かをさせるためのお膳立てはできても、本人にその気がなければそれを無理にやらせることはできない、という意味。

・'I sacrificed everything for him,' sobbed Rita. 'I gave him everything he could possibly need. A fine home. An expensive education. And now he is refusing to go to university! What did I do wrong?'

Susan patted her on the shoulder. 'It's not your fault, Rita. You can lead a horse to water. Anyway, maybe he'll change his mind.'

「私は彼のためにすべてを犠牲にしたのよ」リタがすすり泣いた。「彼が必要かもしれないものはなんでも与えたの。ちゃんとした家庭。お金をかけた教育。それなのに、大学に行きたくないなんて！ 私の何がまちがっていたのかしら？」

スーザンはリタの肩を軽くたたいた。「あなたのせいじゃないわ、リタ。馬を水辺まで連れていくことはできても……っていうじゃない。まあ、なんだかんだ言っても、息子さんは気持ちを変えるかもしれないわよ」

Column 4 癖やしぐさ

　文学にはさまざまな癖やしぐさが登場します。その意味は自明なものもありますが、理解しにくいものもあります。その例をいくつか紹介しましょう。

＊**shrug**　肩をすくめる：無関心、諦め
・Helen looked at the photograph and shrugged. 'I have no idea who it is,' she said.
　ヘレンはその写真を見て肩をすくめた。「誰だかさっぱりわからないわ」

＊**flip the bird**（**give the finger**）　中指を立てる：侮辱
・As Bruce drove away, he opened the car window and flipped Heather the bird.
　ブルースは走り去るとき、車の窓を開け、ヘザーに向かって中指を突き立てた。

＊**crack one's knuckles**　指の関節をポキポキ鳴らす：何かを始める前の準備運動、いらだちなど
・Grayson stretched and cracked his knuckles.
　グレイソンは伸びをして指の関節を鳴らした。

＊**twiddle one's thumbs**　両手を組みあわせ、親指をくるくるまわす：考えごと、退屈
・Paul sat at his desk twiddling his thumbs while he thought the problem through.

ポールはデスクでその問題について考えながら親指をくるくるまわした。

＊slouch　肩を落とし悪い姿勢で立つ、または歩く：だらしなさ

・Glen walked into the headmaster's office and slouched in front of his desk.

グレンは校長室に入っていき、デスクの前にだらけた姿勢で立った。

＊clench one's jaw　歯を食いしばる：苦痛に耐える

・Jason clenched his jaw as he considered the implications of Amanda's statement.

ジェイソンはアマンダが言っていたことの意味を考え、歯をかみしめた。

＊snap one's fingers　指を鳴らす：相手の注意を喚起、よい思いつき

・Sheila snapped her fingers to get the attention of the waiter.

シーラはウェイターの注意をひこうと指を鳴らした。

＊tap one's foot　足を踏み鳴らす、足踏みする：いらだち、落ち着きのなさ

・The more Davis said, the angrier Thelma became. She stood in front of him tapping her foot on the expensive carpet.

デイヴィスが言えば言うほどセルマの怒りは増していった。セルマは彼の前に立ち、高価な絨毯(じゅうたん)の上で足

を踏み鳴らした。
＊**twirl one's hair**　人差し指に長い髪の毛を巻きつける：自己アピール、所在なさ
・Claudia twirled her hair and winked at Jim.
　クローディアは髪を指に巻きつけ、ジムにウインクした。

Column 5　動詞として使われる名詞（身体の部分）

　身体の部分は日常の英語で動詞として使われることがよくあり、なかには意味がわかりくいものもあります。よく使われる例をいくつか紹介し、その他の一覧も載せておきます。

＊**elbow**　肘／肘で押しのける
・Jemima and Tracy elbowed their way through the crowd until they stood directly in front of the stage.
　ジマイマとトレイシーは人だかりを肘で押しのけて進み、舞台の真正面に立った。
＊**foot**　足／支払う
・Jason knew that he would be expected to foot the bill for the meal.
　ジェイソンは自分が食事代を支払うよう期待されることがわかっていた。

＊**mouth**　口／声を出さずに口を動かして言葉を伝える
・Susan looked across at Tracy and mouthed, 'Lunch today?'
　スーザンは声には出さずに口だけ動かしてトレイシーに言った。「今日、ランチはどう？」

＊**nose**　鼻／かぎまわる、こっそりのぞく
・Having nosed through the president's desk drawers, Andy turned his attention to the laptop computer placed on top of the desk.
　会長のデスクのひきだしのなかを捜しまわったあと、アンディはデスクの上に置かれたノートパソコンに注意を向けた。

＊**leg**　脚／走る、逃げる
・Gail legged down the corridor as fast as she could.
　ゲイルは全速力で廊下を走っていった。

＊**shoulder**　肩／重荷を引き受ける、責任を負う
・Layton was experiencing trouble shouldering the heavy workload and was hoping his boss would assign him an assistant.
　レイトンは過重な労働を任されて苦しんでおり、上司が助手をあてがってくれることを望んでいた。

＊**stomach**　腹／腹にすえる、耐える
・'I don't know how you can stomach getting up at five o'clock every morning,' said Kim.

「毎朝5時に起きるなんて、よく我慢できるわね」キムが言った。

back	背中／後押しする
eye	目／目をとめる、見る
face	顔／〜のほうを向く
finger	指／指さす
hand	手／手渡す
head	頭／向かう
knee	膝／膝で押す
toe	爪先／爪先で蹴る

Column 6　隠喩と直喩

　隠喩（metaphor）と直喩（simile）は文学の重要な要素です。ほぼすべてのページに登場し、読者に鮮やかなイメージを思い描かせます。ところで、隠喩と直喩はどこが違うのでしょうか。隠喩の場合は、実際には誇張であり不可能であるにもかかわらず、「たとえられるもの」イコール「たとえるもの」であると表現されています。She had a heart of gold.（彼女は黄金の心を持っていた）はこの一例で、heart が gold だと言っています。一方、直喩の場合は、「たとえられるもの」と「たとえるもの」とが、as や like など、比喩だと

わかる目印となる語で結びつけられています。Without his glasses, Tom was as blind as a bat.（眼鏡なしには、トムはコウモリのように目が見えない）はこの一例です。このほかにも、小説に出てきそうな隠喩と直喩の例をいくつか紹介しましょう。

＊隠喩

・Simon was the bedrock upon which Amelia wanted to build her life.

　サイモンはアメリアがその上に自分の人生を築きたいと願う岩盤だった。

・Her eyes were diamonds and her skin made from silk.

　彼女の目はダイヤモンド、その肌は絹でできていた。

・Life is a dream soaring on the wings of imagination.

　人生は想像の翼に乗って高く舞い上がる夢だ。

・The computer was a fossil from a bygone era, but it served its purpose.

　そのコンピュータは過去の時代の化石だったが、なんとか役には立った。

・Daily arguments were poison to their relationship, and the only option remaining was divorce.

　日ごとの口論は彼らの関係にとって毒であり、残された唯一の選択肢は離婚だった。

・The building was a soaring cliff against the backdrop of the city.

そのビルは町の背景にそびえたつ断崖だった。

＊直喩

・The tears flowed down her face like a river.
涙が川のように彼女の顔を流れ落ちた。
・Having slept like a log, Jason woke up at 9 am feeling refreshed.
丸太のようにぐっすり眠ったので、ジェイソンはすっきりした気分で午前9時に目覚めた。
・Susan had a memory like a sieve when it came to remembering the dates of her friends' birthdays.
友人たちの誕生日を覚えているかということになると、スーザンの記憶は篩(ふるい)のようだった。
・Clint was determined to be as brave as a lion when he confronted Tim.
クリントはティムと対決するにあたり、ライオンのように勇敢になろうと決意した。
・The room was as dark as a coalmine, so Samantha switched on the flashlight.
部屋は炭鉱のように暗かったので、サマンサは懐中電灯をつけた。
・Despite it still being September, Jill opened the door to discover that it was as cold as winter.
まだ9月だというのに、ジルがドアを開けると冬のように寒かった。

第3章　ジャンル別 英文小説の読み方

　この章では、さまざまなジャンルの英語の本を読むためのアドバイスをします。とはいえ、各ジャンルに特有のいくつかの点を別にすれば、どのジャンルであれ、同じ英語という言語で書かれている文学であることに変わりはありません。ですから各セクションのアドバイスは、古い英語が使われることの多い歴史小説を除けば、ほかのすべてのジャンルにもほぼ当てはまるはずです。したがって自分の好みのジャンルだけでなく、すべてのジャンルのアドバイスをぜひ読んでみてください。きっと役に立つはずですから。

　アドバイスに加えて、各項にはおすすめの本のリストも載せました。ジャンルの厳密な区分は存在しないので、ここにあげる本の多くは、ふたつかそれ以上のジャンルに当てはまるでしょう。たとえば、ティーンエイジャーのために書かれたアクションの多いミステリは、ミステリにもアクション小説にもヤングアダルトにも分類できます。分類はふつう出版社か書店に任されていますが、読者から見ると違うジャンルに入ると思われることもあるでしょう。そこで私は、一般的な共通理解に基づいて各ジャンルの本を選びました。また、古典はリストから除きました。最良の古典と見

なされている小説のリストを、第4章に載せたからです。

犯人（探偵）との勝負だ！（ミステリ）

　児童文学の大部分を別にすれば、ミステリは英語の文学の全ジャンルのうちで最も読みやすく理解しやすいといえるでしょう。ほかのジャンルの本と比べて比較的短めですし、物語の筋はひとつの犯罪あるいは関連しあったいくつかの犯罪を解決しようとする、ひとりあるいは何人かの人物に焦点を合わせています。ミステリには刑事もの、私立探偵もの、コージーなど、いくつかのサブ・ジャンルがあります。

　コージー・ミステリはおそらく最も読みやすいミステリでしょう。ホテルや田舎の邸宅など、特定の場所に集まった人々のあいだで殺人が起こる、というパターンが最も典型的です。殺人は舞台の陰で起こることが多く、その場に集まっている人たちにはみな動機と殺人を犯す機会があります。そのうちのひとりが犯罪を解決する責任を負うことになり、犯人ではありえない人を除いていく過程を経て、最後には犯人を見つけ出します。こうしたミステリは locked-door mystery（密室ミステリ）とも呼ばれます。鍵のかかった部屋の内部など、人が入りこめない場所で殺人が行われることがよくあるからです。ですから読者は、犯人を探りあてるだけでなく、殺人がどのようにして起こりえた

かという問題とも取り組まなければなりません。コージー・ミステリや密室ミステリの代表的な作品は、Agatha Christie の Miss Marple シリーズや Hercule Poirot シリーズでしょう。どちらも非常におもしろく、また、比較的読みやすいシリーズです。

けれども、ミステリがすべてコージー・ミステリというわけではありません。警察小説やアクション小説と境界を接するミステリもあります（ただし、犯人を見つけ出すことに筋の重点が置かれているならば、それらはやはり「ミステリ」に分類されるでしょう）。

ミステリを読むうえで中断を最小限にするために必要な語彙は、次のふたつのカテゴリーに分けられます。すなわち、犯罪に関連する語彙、それから多くのミステリ、とりわけコージー・ミステリの舞台となる場所（田園生活など）に関係する語彙です。ミステリを読むときに知っておくべき語彙のリストと例文を、以下にあげておきます。

犯罪捜査、裁判の語彙

at large	（犯人が）逃亡中で
autopsy / post mortem	検死
criminal record	犯罪歴、前科
defendant	被告
evidence	証拠
in pursuit	（犯人の）追跡中で

incriminate	有罪とする
inquest	審問
intruder	侵入者
misdemeanor	軽罪
perpetrator	犯人、加害者
plaintiff	原告
prosecutor	検察官、検事
sentence	判決

・Inspector Reilly received a call to say that a patrol car was in pursuit of the perpetrator.
　ライリー警部はパトロールカーが犯人を追跡中であるとの報告を受けた。
・The evidence presented by the prosecutor incriminated the defendant, and the judge sentenced him to two years in prison.
　検察のあげた証拠によって被告は有罪とされ、裁判官は彼に 2 年の実刑を言い渡した。
・The details of the autopsy were read out during the inquest.
　審問中に検死の詳細が読み上げられた。

舞台となる場所に関わる語彙

butler	執事
coroner	検死官

estate	地所、私有地
fete	祝祭
governess	女家庭教師
jumble sale	慈善バザー
Justice of the Peace	治安判事
parson	牧師
valet	従者
vestry	（教会の）聖具室、香部屋
vicar / vicarage	教区司祭／司祭館、牧師館
village green	村の共有緑地

・The vicar arrived at Mr. Bromley's estate and was shown into the sitting room by the butler.

　ブロムリー氏の屋敷に司祭がやってきて、執事が居間に通した。

・The fete was held on the village green with the local Justice of the Peace handing out the prizes.

　村の共有緑地で祭りが行われ、地元の治安判事が賞を授与した。

・The body was discovered in the vestry and later moved to the vicarage after being inspected by the coroner.

　死体は祭具室で発見され、検死官による調査のあと司祭館に移された。

　舞台となる場所に関連した語彙は物語によって異な

るため、その多くは予測するのが困難です。しかし犯罪捜査に関する語彙はどの言語でも共通する傾向があるので、本を読みはじめる前に、よく使われる語のリストを参照用に自分で作っておくとよいでしょう。

　ミステリを読むときの難点のひとつは、最後まで誰が犯人かわからないようにしておくために、読者を誤った方向に導く手がかりがたくさん含まれていることです。このような手がかりは red herring（直訳は「赤いニシン」）と呼ばれ、一般にミステリはそこに用意された red herring の質によって評価されます。うまい red herring は読者に見破られず、最後まで読者をだましつづけるもの。下手な red herring は簡単に見破られ、誰もひっかけることのできないものです。ですからミステリは注意を集中させて読む必要があり、短期間で読むのがおすすめです。何章か読んだあとで数週間あいだをあけたりすれば、よほど記憶力が優れているのでないかぎり、物語についていくのが難しくなります。これを克服するには、登場人物と彼らの事件への関連の可能性をメモしたリストを作るとよいでしょう。

　ミステリの全ジャンルに共通することは、たくさんの感嘆句、つまり驚きや不信やいらだちを表すせりふが含まれていることです。感嘆句には多くの種類があり、共通して使われるもののほか、作家が考案したものもあります。いくつか例をあげてみましょう。

By Jove!　　　　　Golly!　　　　　Good grief!

Good Heavens!	Great Scott!	Heavens above!
Hell!	Hell's bells!	I say!
I'll be jiggered!	Jesus!	Oh, my!

　これらの感嘆句に対処するいちばんの方法は、これらすべてを最もよく知られた Oh, my God!（おやまあ、なんてことだ）と同じ意味をもつ感嘆句として扱うことです。どれもみな、基本的には Oh, my God! と言っているようなものですから。あるフレーズが感嘆句かどうかを見分けるのは、そう難しくはありません。どの感嘆句にも次のふたつのことが当てはまるからです。1) 1語、あるいは2語か3語から成る。2) どれも感嘆符（!）で終わる。感嘆符で終わる短いフレーズで、しかも物語の状況に当てはまらないように見えるフレーズに出会ったなら、それは Oh my God! という意味なのだと考えてよいでしょう。

♪おすすめの本

All Dressed in White（Mary Higgins and Alafair Burke）
Career of Evil（Robert Galbraith）
Cross Justice（James Patterson）
The Crossing（Michael Connelly）
The Guilty（David Baldacci）
The House on the Cliff（Franklin W. Dixon）
The Murder at the Vicarage（Agatha Christie）

The Sky is Falling（Sidney Sheldon）
Tricky Twenty-Two（Janet Evanovich）
Under Orders（Dick Francis）

ハラハラ、ドキドキ（サスペンス、スリラー）

　サスペンスやスリラーは物語の展開が速く、アクションが満載。そして主人公は通常とても有能で、敵の計略の裏をかきます。サスペンスとスリラーは、どちらも重大な犯罪を企てようとする悪役（ひとりの場合もグループや組織の場合もあり）によって、その主要な筋が引っ張られていきます。こうした共通性があるため、ふたつのジャンルを隔てる境界線はごく細いものです。サスペンスをスリラーから分けている主要な要素は、その舞台でしょう。つまり、サスペンスは単一の場所を舞台としていることが多く、超常現象の起こらないホラーのようなものであるのに対し、スリラーは外国の都市や砂漠、船上などのエキゾチックな場所、あるいは北極や南極などの極限的な環境を舞台にしていることが多いといえます。

　また、スリラーとミステリを見分けるのは難しいという人もいますが、その区別は非常にはっきりとしています。スリラーの場合は伝統的に、犯罪が起こるのを防ごうとする方向に物語が進み、犯罪を起こそうとしている人物は本の冒頭で登場します。一方、ミステリはすでに行われた犯罪を解決することに重点が置か

れ、犯人は本の最後まで判明しません。ただしその人物は、ふつうそれに先立ち、物語のなかで重要な役割を果たしてはいますが。

サスペンスやスリラーに用いられる語彙がその筋や舞台によって大きく異なることを考えると、よく用いられる語のリストを載せるのは不可能です。しかしいったん物語の舞台がわかったなら、ある程度自分で準備することはできるでしょう。たとえば物語が孤島だとすれば、maroon（孤島に置き去りにされた人）、tide（潮）、breakers（砕け散る波）、palm tree（やしの木）、gulley（小峡谷）、cove（入り江）、inlet（入り海）、precipice（崖）、barnacle（フジツボ）、dune（砂丘）、lagoon（潟、礁湖）などの語をチェックしておくとよいでしょう。

このジャンルにのみ当てはまるわけではありませんが、英語で小説を書く作家たちは、3つの部分に分かれた文（つまりコンマが2回打たれている文）を書くと落ち着きがいいと感じることが多いようです。そのため小説のなかのかなりの文が、こうした構文で書かれています。この形の文を理解するのは非常に簡単です。なぜならほとんどの場合、真ん中の部分は付帯する情報をつけ加えているだけであり、物語の筋に不可欠であることは滅多にないからです。以下に例をあげておきましょう。

・Sue leaped over the hood of the car, taking care not to catch her foot on the wing mirror, and took refuge from the gunfire.
　スーはサイドミラーに足をひっかけないように気をつけながら、車のボンネットに飛びのり、銃撃から身をかわした。
・Jeremy dashed into the room, which was dark and smelled of boiled cabbage, and held his gun out in front of him.
　ジェレミーは腐ったキャベツの臭いのする暗い部屋に駆けこみ、銃を構えた。
・Early morning rain, which had started the night before and had provided the woods with well-needed moisture, had given way to clear blue skies.
　前日の夜から降りだして森林に必要な湿度を与えてくれた早朝の雨が上がり、晴れた青空になった。

　上記の英文の真ん中の部分を除いたとしても、作家が伝えようとしたことは、下記のように、文法的に正しい文のまま残ります。

・Sue leaped over the hood of the car and took refuge from the gunfire.
　スーは車のボンネットに飛びのり、銃撃から身をかわした。

- Jeremy dashed into the room and held his gun out in front of him.
 ジェレミーは部屋に駆けこみ、銃を構えた。
- Early morning rain had given way to clear blue skies.
 早朝の雨が上がり、晴れた青空になった。

　つまり、文の第一の部分と第三の部分は物語をクライマックスに向けて一歩近づける役割であるのに対し、真ん中の部分は読者がその場面を生き生きと思い描けるように、装飾をつけ加えているのです。このことから、物語の筋にとって真ん中の部分の重要性は二次的と見なし、第一と第三の部分に書かれていることに注意を集中させてもよいでしょう。もちろん装飾の部分も、物語のおもしろさを味わうためには大切です。とはいえ、自分の英語のレベルでは付加的な部分がわかりにくいと感じるならば、まず第一と第三の部分を読み、作家の意図を頭にしっかり刻みこんでから、真ん中の部分に戻りましょう。

♪おすすめの本

Ashley Bell（Dean Koontz）
Rogue Lawyer（John Grisham）
Stowaway（Karen Hesse）
The Bourne Identity（Robert Ludlum）
The Da Vinci Code（Dan Brown）

The Girl on the Train（Paula Hawkins）
The Scarecrow（Michael Connelly）
The Shakespeare Secret（Jennifer Lee Carrell）
The Short Drop（Matthew Fitzsimmons）
The Vanished（Celia Rees）

さあ、冒険に出よう！（アクション小説・冒険小説）

　フィクションにおいてアクション小説と冒険小説は、ふつう別々のジャンルに分類されます。しかし多くの類似性があるだけでなく、どちらも「キャラクター（登場人物）先導 character-driven」ではなく「プロット（筋）先導 plot-driven」であることから、ここではふたつまとめて取り上げることにします。単独のジャンルとしてのアクション小説は、登場人物の成長よりも興奮に重点が置かれるフィクションと定義され、冒険小説は危険と肉体的危機を中心テーマとするフィクションと定義されます。しかしほかのジャンルも、アクション・冒険小説と重なることがあり、ある人からアクション・冒険小説と見なされる作品が、ほかの人からは、たとえばサスペンス・スリラーと見なされることもあるでしょう。

　アクション小説にはありとあらゆるシナリオがあり、ある特定のスタイルにきっちり当てはまらないのに対し、冒険小説は舞台がエキゾチックな場所（たとえば船上、南極、砂漠、密林など）に設定されています。と

なれば冒険小説の場合、物語を十分に理解するためには、それぞれの本の舞台との関連で登場しそうな語のリストを事前に作っておくのがよいかもしれません。

　テクノスリラーと同じように、おとな向きのアクション小説や冒険小説は時にはかなり難しいことがあります。なぜなら作家たちは、緊迫感を増すためにできるだけ多くの情報を文に詰めこもうとしますし、また、文章が単調になるのを避けるためにあらゆる構文を用いようとするからです。単調さを防ぐひとつの技法は、現在分詞（「-ing」の形の動詞）を文頭に置く構文を用いることです。以下に例をあげておきましょう。

・Focusing his eyes on Grantham, a look of outrage spread across Horace's face.
　グランサムを見据えながら、ホラスの顔には怒りの表情が広がっていった。
・Taking a sip of her champagne, Tracy considered the offer.
　シャンパンをひとくち飲みながら、トレイシーはその申し出について考えた。

　上記の文をふつうに書くと、次のようになります。

・Horace focused his eyes on Grantham as a look of outrage spread across his face.

・Tracy took a sip of her champagne while she considered the offer.

　動名詞も同じように -ing という形をとり、文頭に来ることがありますが、それと現在分詞との違いは、現在分詞が文の後半に描写を加えているのに対し、動名詞は常に名詞の働きをしているということです。動名詞の例を以下にあげておきましょう。動名詞が、最初の例では can have の主語に、ふたつめの例でも can be の主語になっていることに注目してください（ただし動名詞がいつでも主語となるわけではなく、特に文頭に置かれていない場合は、主語の補語や目的語になることのほうが多いでしょう）。

・Smoking too much can have a serious effect on one's health.
　過剰な喫煙は健康に深刻な影響を及ぼすことがある。
・Driving fast can be exciting, but very dangerous.
　猛スピードでの運転はスリルがあるかもしれないが、非常に危険だ。

　日本の読者は have という助動詞が現在分詞で使われていると混乱しやすい、という話を聞いたことがあります。文頭に having が来る文と出会ったなら、それは after having の after を省略したものだということ

を覚えておきましょう。以下はその例です。

・Having read the newspaper, Gregory left for work.
　新聞を読んだあと、グレゴリーは仕事に出かけるため家を出た。
・Having fed the dog, Irene decided that she would go for a jog in the park.
　犬に餌をやったあと、アイリーンは公園でジョギングをすることにした。

　上の例文は、いくつかの方法で書き換えることができます。ここでは最初の例だけ書き換えてみました。

・After reading the newspaper, Gregory left for work.
・Once he had read the newspaper, Gregory left for work.
・Gregory left for work after reading the newspaper.
・Greg read the newspaper and then left for work.

　しかしどの場合も、having が after を代用していることは明らかです。これを覚えておけば、混乱が防げるでしょう。
　アクション小説も冒険小説も、最初は少し難しいと感じられるかもしれません。しかしいったん夢中になれば、ずっと楽に読めるようになるはずです。このジャンルの本はおもしろくエキサイティングなので、ぜ

ひ読んでみてください。

♪おすすめの本

Black Sea Affair（Don Brown）
Pirate Latitudes（Michael Crichton）
Shout at the Devil（Wilbur Smith）
The Atlantis Gene（A.G. Riddle）
The Bone Labyrinth（James Rollins）
The Einstein Prophecy（Robert Massello）
The Last Templar（Raymond Khoury）
The Martian（Andy Weir）
The Pharaoh's Secret（Clive Cussler）
Whiteout（Ken Follett）

ハイテクな展開がたまらない！（テクノスリラー）

　テクノスリラーは、ジャンルとしてはスリラーと冒険小説のあわさったものですが、先端分野の科学技術（ハイテクノロジー）が筋において重要な役割を果たし、これらに関する詳細な描写が物語に含まれているという点で、スリラーや冒険小説とは異なります。取り上げるテクノロジーは、医療・製薬、工学、あるいは兵器まで、科学のどの分野でもかまいません。

　テクノスリラーは比較的最近になって登場したジャンルであり、一般に Michael Crichton（*Jurassic Park* で有名）と Tom Clancy（*The Hunt for Red October* で有名）

がこのジャンルの祖と見なされています。また、もうひとつの特徴として、ドキュメンタリー・スタイルで書かれていることがあげられるでしょう。これはFredrick Forsyth（*Odessa File*で有名）が確立したスタイルで、感情的要素を排し、出来事のみを簡潔に記す方法で書かれています。したがって、新聞や雑誌のニュース記事を読み慣れている人は、軽い読み物が好きな人よりも、このジャンルの小説を読みやすいと感じるでしょう。

　テクノスリラーの文章の例を以下にあげておきます。ここで用いられている構文は、ノンフィクションの本の説明に似ていますし、それどころか取扱説明書にさえ似ていないこともありません。

　Bill Thompson eyed the bright-yellow submersible with pleasure. Fifty foot in length and with a twelve-foot beam, it was the largest underwater exploration vehicle that he had ever come across. It was constructed of HY-140 steel with a fiberglass superstructure, and the Plexiglas view ports eight inches thick gave the hull a bug-eyed appearance. The hydraulic manipulator arms folded beneath the bow added to this, making the entire structure seem like a giant insect or crustacean.

　ビル・トンプソンは鮮やかな黄色の潜水艇を喜

> びとともに眺めた。全長 50 フィート、最大幅 12 フィート。これまで出会ったなかで最大の水中探査艇だ。HY-140 鋼とファイバーグラスの上部構造から成り、8 インチの厚さのプレキシガラスの覗(のぞ)き窓が、船体から丸く出張っている。船首部の下に折りたたまれた油圧式のマニュピレーター・アームがこれに加わり、全体の構造がまるで巨大な昆虫か甲殻類のように見える。

　テクノスリラーを外国語で読むには、かなりの努力が必要でしょう。語彙が難しいというだけでなく、興味をかきたてる鮮度のよい文章を持続させるために、作家たちが文章にさまざまな技法を用いるからです。そのひとつは、句読法を駆使する技法です。サスペンスとスリラーの項では、ふたつのコンマを用いて文を 3 つに分ける技法を説明しましたが、ここでは同じ目的で用いられるコロン (:)、セミコロン (;)、ダッシュ (—) について説明しましょう。

　フィクションで使われる場合、コロンとセミコロンは、文の後半が前半とつながっていることを示す接続詞の代わりの働きをします。コロンは後半が前半と同じぐらい重要な情報を提供しているとき、セミコロンは後半が前半ほどは重要でない情報を提供しているときに使われます。つまり作家たちは、接続詞を使う代わりにコロンやセミコロンを用いることもでき、それ

によって文章に変化がつけられるのです。ただし、コロンもセミコロンもほぼ100パーセント、ピリオド(.)に置き換えることができます。このことを覚えておけば、長い文を分けて理解しやすくするのに役立つでしょう。以下に例をあげてみます。

＊コロン

・Edward slid the magazine into place and chambered a bullet: his adversary would now have something else to worry about.
→Edward slid the magazine into place and chambered a bullet. His adversary would now have something else to worry about.
　エドワードはすばやく弾倉を装着し、銃弾を装填(そうてん)した。敵はいまや別のことを心配しなければならないだろう。

・The fuselage glittered brightly in the sun: a maintenance crew had worked hard on cleaning it that morning.
→The fuselage glittered brightly in the sun. A maintenance crew had worked hard on cleaning it that morning.
　太陽の光を浴びて機体が輝いた。その朝、整備班が一生懸命に磨いたのだ。

＊セミコロン

・Brody wiped the room down to make sure he didn't leave

any fingerprints; a habit he had learned many years ago.
→Brody wiped the room down to make sure he didn't leave any fingerprints. A habit he had learned many years ago.

　ブローディーは指紋を残さないように部屋のなかを拭いてまわった。何年も前から身につけている習慣だ。

・Amanda laid back on the hospital bed and felt the morphine permeate her body; a sigh of relief escaping from her open mouth.
→Amanda laid back on the hospital bed and felt the morphine permeate her body. A sigh of relief escaped from her open mouth.

　アマンダは病院のベッドに横たわり、体内にモルヒネが染みわたっていくのを感じた。安堵(あんど)のため息がもれた。

　ダッシュは、サスペンスとスリラーの項で述べたコンマの働きとよく似た働きをします。唯一の違いは、ダッシュのほうが、文の前半部を説明する付加的情報をより強調しているという点でしょう。とはいえ、ダッシュにはさまれている情報が副次的であることに変わりはないので、文の第一の部分と最後の部分がしっかり理解できるまでは、頭のなかで括弧に入れておくとよいでしょう。以下はその例です。

・The drop was a lot higher than he had expected— a hell

of a lot higher— but he gritted his teeth and launched himself off the cliff.

→The drop was a lot higher than he had expected (a hell of a lot higher), but he gritted his teeth and launched himself off the cliff.

崖は思っていたより――とんでもなくはるかに――高かったが、彼は歯を食いしばって崖を下りはじめた。

・The gun shots destroyed the silence of the village—even drowning out the sound of the truck's engine— until nobody was in doubt that an attack was underway.

→The gun shots destroyed the silence of the village (even drowning out the sound of the truck's engine) until nobody was in doubt that an attack was underway.

銃声が村の静寂を破り――トラックのエンジン音までかき消すほどだった――、攻撃されていることを疑う者は誰もいなくなった。

コロン、セミコロン、ダッシュ、そしてコンマの役割を理解すれば、英語で小説を読むのがずっと容易になるでしょう。これらによって文がどのように分けられているかをつかむことができれば、頭のなかで各部分をつなぎあわせて長い文に戻したとき、ずっとよく理解できるはずです。文は語、構文、句読点という3つの要素から成り、どの要素も等しく重要なのです。

♪おすすめの本

Breakthrough（Michael C. Grumley）
Chromosome 6（Robin Cook）
Cyber Storm（Matthew Mather）
Dark Wing（Richard Herman）
Jurassic Park（Michael Crichton）
Prey（Michael Crichton）
Split Second（Douglas E. Richards）
Terms of Use（Scott Allan Morrison）
The Hunt for Red October（Tom Clancy）
Wired（Douglas E. Richards）

サイエンスの入り口へ（SF）

　サイエンスフィクション（以下 SF と表記）は人気の高いジャンルのひとつ。ファンタジーとの違いは、物語に登場する諸要素が科学的に見て実際に起こりうる、あるいは存在しうることです。SF とファンタジーとの境界は、どのような空想上の生き物が登場するかによっては、曖昧になることもあります。けれどもそのような生き物のもとへ行くための（または、その生き物が私たちのもとへやって来るための）移動手段が、宇宙船やタイムマシンのような科学的手段であれば、SF に分類されるのがふつうです。

　SF に分類される本の目安としては、一般に次の 4 つの点があげられます。1）設定は未来、または史実

と合致しない過去。2）地球外の宇宙や別の惑星が舞台。または地球外の生命体が登場。3）私たちの知る物理的法則とは相容れない科学技術や科学的法則が描かれている。4）タイムトラベルや人工知能ロボットなど、現在の科学技術のレベルではまだ実現できていない応用手段が描かれている。

　SFには比較的読みやすいものから非常に難しいものまで、さまざまなレベルがあります。しかしどのようなレベルの作品を読むにしても、ぜひおすすめしたいことがひとつあります。それは読むときにメモをとることです。SFでは、まったくなじみのない固有名詞が数多く使われる傾向があります。それは私たちが知っているのとは異なる生物の名称であったり、私たちの世界には存在しない装置や技術の名称であったりするでしょう。本の理解と楽しみを深めるために、なじみのないこれらの語の記録をつけておくとよいでしょう。

　SFの大きな特徴として、ほかのジャンルではほとんど登場しない語がたくさん使われているということがあげられます。したがって、日本語のSFを読んで得た知識をもとに、このジャンルに登場しそうな語彙のリストを作っておくとよいかもしれません。以下はその例です。

alternate universe　　　　　異世界

android	アンドロイド、人造人間
anti-gravity	反重力、反引力
artificial intelligence	人工知能
asteroid	小遊星、小惑星
bionic	バイオニックの、生体工学の
black hole	ブラックホール
cosmos	宇宙
cyborg	サイボーグ、改造人間
dimension	次元
extraterrestrial	地球外の、地球外生物
force field	力場
galaxy	銀河
humanoid	ヒューマノイド、人型ロボット
hyperdrive	ハイパードライブ
hyperspace	超空間
interplanetary	惑星間の
interstellar	恒星間の
light year	光年
nebula	星雲
super nova	超新星
teleportation	テレポーテーション
time / space continuum	時間／空間連続性

・Having guided the ship through the asteroid belt, Captain Fuller set the navigation system for the black hole and engaged hyperdrive.

　小惑星帯を通って宇宙船を進めたあと、フラー船長はブラックホールへ向けてナビゲーション装置をセットし、ハイパードライブを作動させた。

・The androids were humanoid in shape and were obviously equipped with artificial intelligence.

　アンドロイドは形としてはヒューマノイドで、当然ながら人工知能が装備されている。

・In addition to protecting the planet from attack, the force field also created an inner anti-gravity environment.

　惑星を攻撃から守ることに加えて、力場はその内側に反重力の環境を作りだしてもいた。

　もうひとつSFによく見られる要素として、infodumpと呼ばれるものがあります。infodumpはふつう数段落あるいは時には数ページから成る背景のinformation（情報）で、それが物語のなかにdumpされて（どさっと投げ出されて）いるのです。その情報は、私たちの住む世界には存在しないか、たとえ存在しているにしても大部分の読者には知られていない（あるいは理解されていない）環境や文化や科学技術を説明しています。こうした情報をまとめて解説するinfodumpは、もちろん本によって異なりますが、なんの前触れもなしに1冊の本のなかに何度も登場することもあり、多くの場合、物語への集中を途切れさせてし

まうでしょう。けれども infodump をうまく扱っている小説もあります。たとえば Andy Weir の *The Martian* には、必要上 infodump が数多く挿入されていますが、それらは非常に有益で比較的わかりやすいうえ、作品におもしろみを加えているのです。とはいえ、物語とはほとんど関係のない蘊蓄(うんちく)で読者を圧倒しようとしている本もあるので、よいものとそうでないものとを見分ける力を磨く必要があります。

どの本を選ぶにしても、SF にはふつうなんらかの魅惑的な発想があり、人類の未来を思い描こうとする私たちの果てのない探求に思考の糧を――つまり、純粋な楽しみと喜びを与えてくれます。

♪おすすめの本

Crimes Against Magic（Steve McHugh）

Ender's Game（Orson Scott Card）

Fahrenheit 451（Ray Bradbury）

Manifold : Time（Stephen Baxter）

Rewinder（Brett Battles）

Sphere（Michael Crichton）

Starship Troopers（Robert Heinlein）

The Angel Experiment（James Patterson）

The First Fifteen Lives of Harry August（Claire North）

The Man in the High Castle（Phillip K. Dick）

恐怖との闘い（ホラー）

 たいていの人は背筋の凍るような怖い話が大好き。とりわけ冬の夜にそのような物語を読むのは楽しいものです。ホラーというジャンルは 1960 年代まで、超自然の要素、あるいは人間のように見えるけれども人間ではない存在を含むフィクションと定義されていました。しかしやがてそれ以外の怖ろしい要素をも含むものとして範囲を徐々に広げ、ついには緊迫度の高いサスペンスとなりました。このことから、ホラーは時にはサスペンス、SF、ファンタジーと重なることもあります。けれども「ホラー」という語から多くの人が思い浮かべるのは、幽霊、ポルターガイスト、幽霊屋敷、吸血鬼、狼人間、怪物などの物語でしょう。

 ホラーそのものは筋があまり複雑でないことから、一般には読みやすいジャンルとされています。しかし個々の作家の書き方のスタイルによって難易度が違ってくるので、本の選択は少し厄介になります。たとえば「ホラーの王(キング)」と呼ばれる Stephen King は、長い描写を含む非常に入り組んだ文を書くので、ノンネイティブにとっては読むのが少し難しいかもしれません。一方 Dean Koontz は、短めで単刀直入なわかりやすい文を書くので、ノンネイティブが読むのにより適しています。Stephenie Meyer の The Twilight Saga シリーズは出版された当初、ティーンエイジの女子を対象としたホラーのブームを巻きおこしましたが、これもまた

比較的読みやすいシリーズです。ただしこれは、ホラーの側面よりも、人間と非人間の関係を描いた恋愛小説としての側面が強いことを言い添えておきましょう。どのようなスタイルのものを好むにしても、自分に合ったレベルのものを見つけるには、とにかくまず書店に行き、何冊かのホラー小説の中身を見てみるのがよいでしょう。

　第1章で、形容詞と形容動詞の意味を前後の状況だけから推測するのは難しいと書きました。これは確かにそのとおりなのですが、形容詞と形容動詞は、個々の場面の雰囲気、あるいは登場人物の人柄や感情を知るのに役立ちます。

　名詞を修飾する形容詞は、もちろん形容動詞よりも理解しやすく、その状況の概観を提供してくれます。いくつか例をあげてみましょう。

a happy boy　　　　うれしそうな男の子
a broken toy　　　　壊れた玩具
a beautiful day　　　晴れた日

　一方、動詞を修飾する形容動詞は一般に、その状況の雰囲気や概観ではなく、そのとき起こっていることがどうとらえられているかを伝えてくれます。作家は「動詞＋形容動詞」という形を用いることによって、動詞だけのときよりも多くの情報を読者に提供することができるのです。もちろん形容動詞を用いて全般的な状況を描写することはできますが、それは形容詞を

用いた場合よりもまわりくどい方法になります。その例を説明しましょう。形容動詞は形容詞と同様、「肯定的」「否定的」「中立」の3つのカテゴリーに大まかに分けることができます。ある登場人物について同じカテゴリーの語が繰り返し使われている場合には、その人物の性格はそのカテゴリーを反映していることになるでしょう。もちろんこれは「肯定的」と「否定的」のカテゴリーについてのみ言えることです。「中立」のカテゴリーの形容動詞の多くは、登場人物の態度ではなく、全体的な状況を描写していますから。では、これらの形容動詞の例を見てみましょう。

肯定的	中立	否定的
politely 礼儀正しく	finally ついに	angrily 怒って
cheerfully 陽気に	huskily しゃがれ声で	threateningly 脅迫的に
brightly 明るく	curiously 興味深げに	icily 冷やかに
eagerly 熱心に	faintly かすかに	irritably いらだたしげに
pleasantly 楽しげに	hurriedly あわてて	roughly 粗雑に
sincerely 誠実に	quietly 静かに	viciously 悪意をもって

作家たちは多くの場合、その人物の性格がよいのか悪いのか、フレンドリーなのか不機嫌なのかについて直接書くのではなく、これらの形容動詞を用いることによって強調しようとします。ですから形容動詞が伝えてくれるメッセージを見落とせば、重要な情報を逃

すことになりかねません。以下の例文では、同じせりふに異なるカテゴリーの形容動詞をつけ加えてみました。形容動詞がどれほど有用かを知ることができるでしょう。

・'I think you may have missed the point that I'm trying to make,' she said politely. [Positive]
・'I think you may have missed the point that I'm trying to make,' she said finally. [Neutral]
・'I think you may have missed the point that I'm trying to make,' she said angrily. [Negative]

「私が言おうとしていることを、あなたはわかっていないんじゃないかしら」

彼女は　　礼儀正しく（肯定的）
　　　　　ついに（中立）　　　　　言った。
　　　　　腹立たしげに（否定的）

・'What on earth are you talking about?' she said cheerfully. [Positive]
・'What on earth are you talking about?' she said huskily. [Neutral]
・'What on earth are you talking about?' she said threateningly. [Negative]

「いったい何を言ってるの？」

彼女は　　楽しげに（肯定的）
　　　　　かすれ声で（中立）　　　言った。
　　　　　脅かすように（否定的）

ただし上記の例文では、全体的な状況ではなくひとつの文のなかで形容動詞が果たしている役割を示しているにすぎません。登場人物の性格を形容動詞から判断するときに最も大切なのは、一カ所だけを見るのではなく、いくつもの箇所から集めて平均したものを考慮に入れることです。よい登場人物に否定的な形容動詞が使われたり、悪い登場人物に肯定的な形容動詞が使われたりすることはもちろんありますが、平均すれば本当の姿が見えてくるでしょう。また形容動詞は、登場人物の性格についての情報だけを提供するわけではないことも忘れずに。しかしこの場合、その意味は前後の状況から明らかなので、混乱を招くことはないはずです。

　ここに書いたことはフィクションのどのジャンルにも当てはまりますが、登場人物の性格を直接的に描写することなく、形容動詞を用いて表現する技法は、とりわけホラーによく見られます。それとなく伝えられるこの情報をしっかりと受けとめる力をつけることは、ホラー小説を楽しむうえで重要なことのひとつなのです。

♪おすすめの本
Abandon（Blake Crouch）
Darkfever（Karen Marie Moning）
Deadly Messengers（Susan May）

Full Moon Rising（Keri Arthur）
Interview with the Vampire（Anne Rice）
The Bazaar of Bad Dreams（Stephen King）
The Fog（James Herbert）
The Walking Dead（Robert Kirkman）
Watchers（Dean Koontz）
Welcome to Night Vale（Joseph Fink and Jeffrey Cranor）

想像力を養う（ファンタジー）

　ファンタジーは、文学、コミック、映画、アニメーションなど、幅広い形で力を発揮しているジャンルです。このジャンルは、物語のなかに魔法や超自然の要素が用いられていることによって定義づけられます。SFやホラーと異なり、未来の科学や不気味な生き物が物語をひっぱっていくことが不可欠というわけではありません。これらの要素が物語のなかに副次的に登場することはありますが。

　ファンタジーはふつう、ふたつの異なるスタイルに分けられます。ひとつは現実には存在しない独自の世界が舞台になっているスタイル。もうひとつは現実の世界が舞台で、そのなかの選ばれた人物だけが、魔法や超自然の力に気づくことができるというスタイルです。アメリカとイギリスのファンタジーの特徴をきっちりと分けることはもちろんできませんが、一般にアメリカのファンタジーは前者（Ursula K. Le Guin の

Earthsea シリーズが典型)、イギリスのファンタジーは後者（J. K. Rowling の Harry Potter シリーズが典型）の形をとるものが多いと言えるでしょう。とはいえ、イギリスの作家が書いた最も重要なファンタジーのひとつと見なされている作品には、前者のスタイルが用いられています。そう、J. R. R. Tolkien の *The Lord of the Rings* です。

　親しみやすさや本当らしさを加えるために、ファンタジー作家の多くは、現実の歴史上の出来事や神話、伝説上の生き物などを、物語のなかに用いています。ですから読者は、ユニコーンやケンタウロス、ミノタウロスのようなギリシャ神話の生き物はもちろんのこと、竜やエルフ、ゴブリン、妖精などにたびたび出会うことになるでしょう。これらの生き物はヨーロッパや北アメリカの子どもたちにとっては非常に親しまれているため、物語のなかでその説明は最小限におさえられています。もしもそれらがどんな生き物なのかわからなくて困るときは、インターネットで検索してみるとよいでしょう。

　ファンタジーではその性格上、ほかのジャンルと比べて五感に関わる描写が数多く見られます。現実には存在しないものを読者に理解してもらうために、作家は手を尽くさなければなりません。そのためには、like という語と五感のひとつを組み合わせた比喩的描写を用いるのが最も効果的、かつ簡単です。したがっ

て、みなさんは次のようなフレーズを含む文にたくさん出会うでしょう。

- look like...　　　…のように見える
- sound like...　　…のように聞こえる
- smell like...　　 …のようなにおいがする
- taste like...　　 …のような味がする
- feel like...　　　…のような感触だ

　上記の like は、言い換えれば similar to または the same as、つまり「〜に似た」「〜のような」という意味です。これはある行動やものを表現するのに、最も便利な方法です。形容詞や長々しい描写を用いずに、比喩によってイメージを思い浮かべさせてくれますから。いくつか例をあげてみましょう。

- It looked like a rhinoceros, but it didn't have a horn.
　それはサイのように見えた。でも角はない。
- The creature's voice was high-pitched and sounded like a squeaky toy.
　その生き物の声は甲高く、キュッキュッと鳴る玩具のように響いた。
- The underground room was damp and smelled like an old dog blanket.
　地下の部屋は湿っていて、古い犬用毛布のように

おいがした。

・Although dark green with brown blemishes, the meat tasted like chicken.
　深緑色で茶色のしみがあったが、その肉は鶏肉のような味だった。

・Belinda reached out a hand and stroked the animal's back, which was soft and felt like the back of a normal cat.
　ベリンダは手をのばし、その動物の背中をなでた。それは柔らかで、ふつうの猫の背中のような手ざわりだった。

　like という語は五感を表す語以外に、あらゆる自動詞と組み合わせて用いることができます。ですから、次のような文に出会うこともあるでしょう。

・The small animal lowered its ears and howled like a wolf.
　その小さな動物は耳を倒し、狼(おおかみ)のようにほえた。

・Three against one were bad odds, and Tony knew that he would have to fight like a demon.
　3対1では勝算は低い。トニーは自分が鬼のように闘わなければならないことを知った。

・The leaves fell like snowflakes.
　木の葉が雪片のように散った。

たとえば上記の最初の文では、その動物の鳴き声を表現するのに like a wolf が比喩として用いられ、狼が高い声でほえることから、その場面のイメージがくっきりと思い浮かびます。なお、付加的な描写が動詞と like のあいだにはさまれることがありますが、意味に変わりはありません。その例をあげておきます。

・The small animal lowered its ears and howled up at the sky like a wolf.
　その小さな動物は耳を倒し、空に向かって狼のようにほえた。
・Three against one were bad odds, and Tony knew that he would have to fight each of them like a demon.
　3対1では勝算は低い。トニーは自分がそれぞれの敵と鬼のように闘わなければならないことを知った。
・The leaves fell from the trees like snowflakes.
　木の葉が木から雪片のように散った。

　ファンタジーは、設定や筋によってはなじみのない要素が含まれるため、少し読みにくいと感じることもあるかもしれません。それでもあきらめずに読み続ければ、いつのまにか物語にひきこまれていることに気づくでしょう。読めば読むほど、読みやすくなっていくのです。まずファンタジーから読みはじめようと決めたなら、以前に日本語で読んだことのある作品が、

映画で見ておもしろかった作品を選ぶとよいでしょう。

♪おすすめの本

A Shade of Dragon（Bella Forrest）

Bitterwood（James Maxey）

Dark Slayer（Christine Feehan）

The Briar King（Greg Keyes）

The Ciphers of Muirwood（Jeff Wheeler）

The Golden Compass（Philip Pullman）

The Lord of the Rings（J. R. R. Tolkien）

The Magicians（Lev Grossman）

The Name of the Wind（Patrick Rothfuss）

The Winter Sea（Susanna Kearsley）

過去への旅を快適に（歴史小説）

　歴史物語は何千年も昔から書かれてきました。史上最古の歴史物語 Story of Wenamun は、紀元前 11 世紀にエジプト語でパピルスに書かれました。歴史物語・歴史小説（ヒストリカル・フィクション）は、歴史上のある時代——ふつうはその時代の重要な出来事があった時期——を舞台とするフィクションと定義されます。歴史小説には、王道を行く歴史小説のほか、もうひとつの歴史、つまり従来受け入れられている結果とは異なる結果に至る歴史的出来事を描いた小説（たとえば 1812 年にナポレオン軍がロシア軍を破った、というよう

な筋書き）、そして歴史に魔法や幻想の要素を加えた歴史ファンタジーもあります。

歴史小説はノンネイティブにとって、次のふたつのおもな理由から、最も読みにくいジャンルとされています。第一の理由として、一般に十分な歴史的裏づけのある時代に舞台が設定され、実在の人物や実際に起きた出来事が登場する点があげられます。多くの場合、読者はそれらの人物や出来事を知っていることが期待されているため、説明は最小限におさえられています。したがって、もしもヨーロッパの歴史になじみがなければ、よく理解できなくなってしまうでしょう。第二の理由は、用いられている言語です。もちろんどの時代が舞台となっているかによって異なりますが、せりふとして最もよく用いられる英語のひとつは、初期近代英語（Early Modern English）でしょう。これは15世紀後半から17世紀半ばにかけての英語ですが、古い時代の雰囲気を出すために、それ以前の時代が舞台の小説にもよく使われます。このスタイルの英語は、現在の英語とは異なる人称代名詞や動詞の活用を用いているため、見慣れない語彙が登場することになります。

第一の理由としてあげたことを、歴史小説によくあるような次の例文で見てみましょう。

・Present when Cromwell signed King Charles I's death warrant, Grayson later ingratiated himself with the Royalists after Cromwell's death and went on to become a respected landowner.

　グレイソンはクロムウェルがチャールズ 1 世を処刑したとき、その場に居合わせていたが、クロムウェルの死後、王党派に取り入り、一目置かれる領主となった。

　これはクロムウェルとチャールズ 1 世を描いた本を想定した一文にすぎませんが、このグレイソンという人物はもともとオリヴァー・クロムウェル（チャールズ 1 世を擁護する王党派と闘って勝利し、1653 年から 58 年までイングランドを統治）の側について戦ったピューリタンだったという情報を、読者に与えてくれます。これはイギリスでは誰もが知っていることであり、作者は読者が当然それを知っていると見なしています。さて、次の例も見てみましょう。

・Cray's first contact with engineering came when he discovered the work of James Watt, which inspired him to look at everything from the point of view of improving it.

　クレイが工学と初めて出会ったのは、ジェームズ・ワットの業績を知ったときのことだった。そこから刺激を受け、彼はあらゆるものを改良という視点から見るようになったのだ。

ここでもまた、ジェームズ・ワットのことが出てくるのは一度だけですが、作者はすべての読者がこの男をよく知っていると期待しています。このワットこそは、トーマス・ニューコメンが発明した世界最初の蒸気機関を、それに分離型コンデンサーを取りつけることによって改良したのでした。この単純な改良が近代蒸気機関の最も普及した構造となり、イギリスに産業革命をもたらすきっかけとなったのです。

　このようなことから、歴史小説においては、小説の筋とは直接関係なさそうな情報によって読書の楽しみが中断されることがあるかもしれません。しかしそんなときは、それを無視しましょう。もしも一度しか登場しないのであれば、そのような情報はふつう、全体の物語にほとんど影響を及ぼさないからです。

　では、歴史小説がなぜ読みにくいか、そのふたつめの理由に話を進めましょう。歴史小説のせりふは、初期近代英語で書かれていることがよくあります。それは現代の英語とそれほど違ってはいないのですが、ネイティブスピーカーでない人にとっては難しく感じられるかもしれない、いくつかの特徴があります。そのひとつは、現代とは異なる人称代名詞が使われることです。ただしこれはふつう二人称単数の、あらたまっていない呼び方（親称）の場合に限定されます。以下をご覧ください。

主格：thou（現代の英語では you）
　　目的格：thee（現代の英語では you）
　　所有格：thy / thine（現代の英語では your）
　　所有代名詞：thine（現代の英語では yours）

　このほかに現代英語と異なる人称代名詞は、you の複数形である ye だけです。
　明確な理解を妨げる次の障害は、動詞の変化です。規則には若干の多様性や数少ない例外もありますが、次のように単純化してとらえたほうがわかりやすいでしょう。

1) 二人称単数の代名詞（thou）に続く動詞の現在形は -st で終わる。たとえば take は takest、have は hast、eat は eatest となる。
2) 主語が三人称単数の動詞の現在形は -th で終わる。たとえば take は taketh、have は hath、eat は eateth となる。

　このように説明すると、上記の規則はかなり複雑に見えるかもしれませんが、歴史小説でこのような活用が出てくるのは一般にせりふのなかだけなので、読みはじめさえすれば慣れるのにそう時間はかからないでしょう。歴史小説のなかで出会うかもしれない形の文例を、以下に載せておきます。

Thou bringest news of the battle with thee? → Do you bring news of the battle with you?

そなたは戦の知らせを携えているのか。

Thine orders are to remain here. → Your orders are to remain here.

あなたの命令はここに残れという命令です。

He drinketh enough for five men. → He drinks enough for five men.

彼は5人分も飲む。

先ほど例外があると書きましたが、その例をふたつあげておきましょう。代名詞のすぐあとに続く場合、shall は shalt となり（例：Thou shalt not speak to me like that.「おまえは私にそのような口をきいてはならない」）、are は art となります（例：Thou art a man of great skill.「おまえはすばらしい技術をもつ男だ」）。

もうひとつの特徴として、メインとなる動詞を強調する助動詞 do が現代英語よりも多く使われるという点があげられます。do は先ほど説明した動詞の変化の規則に従い、二人称の場合は dost、三人称の場合は doth という形で使われますが、メインとなる動詞は現代の英語と同じ形に戻ります。

Thou dost come before me with threats? → You come before me with threats?

そなたは私を脅すためにここに来たというのか。
He doth complain too much. → He complains too much.
彼は確かに不満を言いすぎる。

　ここで述べたような規則は非常に複雑で難しく見えるかもしれませんが、英語のネイティブスピーカーは、このスタイルの英語を苦もなく理解しています。その理由は単純明快。大部分の学校でほどこされる宗教教育において、*The King James Bible*（ジェームズ王訳聖書）が使われているからです。「欽定訳聖書」とも呼ばれるこの聖書は1611年に出版され、初期近代英語で書かれています。現代の教会の礼拝でも、朗読や祈りにこの聖書がよく使われているため、この時代の英語のスタイルになじんでいる人が多く、人々の常識となっているのです。

　先ほど述べたように、一般に歴史小説は実際に起きた重要な出来事を題材にしています。となれば、動乱の時代が脚光を浴びることが多いというわけです。歴史小説で取り上げられることの多い時代は、イギリスの場合、最も混迷をきわめたエリザベス1世の治世とその前後の時代でしょう。このために物語を理解するのがいっそう難しくなるのです。でも、ほかにも選択肢はあります。そのひとつは設定がこれよりあとの時代、たとえば産業革命など、現代に至る重要な出来事を描いた本を読むことです。第二の選択肢として、古

めかしい英語を使わない国々の歴史を描いた本を読むのもよいでしょう。アレクサンダー大王、トロイア戦争、マルコ・ポーロの物語からフランス革命、アメリカの南北戦争に至るまで、さまざまな国の歴史小説を、英語で読むことができます。

　歴史は大きな広がりを持つテーマです。単に過去の時代を舞台にしているというだけでは、実在の人物や実際に起こった出来事を扱っていないかぎり、それを歴史小説とは呼びません。たとえばJane AustenやBrontë姉妹の小説は、18世紀や19世紀が舞台であるにもかかわらず、歴史小説とは見なされません。とはいえ、ジャンルの境界はやや曖昧なので、ぜひ歴史小説を読みたいと思った場合、本の選択には注意を払う必要があるでしょう。

♪おすすめの本

Agincourt（Bernard Cornwell）

Dictator（Robert Harris）

The Betrayal of the Blood Lily（Lauren Willig）

The Girl from Krakow（Alex Rosenberg）

The Lords of the North（Bernard Cornwell）

The Pillars of the Earth（Ken Follett）

The Summer Queen（Elizabeth Chadwick）

The Taming of the Queen（Philippa Gregory）

The Tea Planter's Wife（Dinah Jefferies）

プロフェッショナルってカッコいい！（**警察小説**）

　警察小説は広い意味ではミステリのカテゴリーに分類されますが、アマチュアではなく警察の視点から犯罪を扱うという点で、コージー・ミステリよりも読むのが難しい傾向があります。つまり専門用語が使われているということであり、多くの場合、なじみのない語が物語のなかで重要な役割を果たしているのです。

　警察小説にはふたつのスタイルがあります。ひとつは犯罪を捜査する警察官に焦点をあわせた伝統的なスタイル、もうひとつは犯罪の検死の側面に焦点を合わせたスタイルです。前者は専門性がそれほど高くなく、比較的読みやすいのですが、警察官たちには独特の話し方があり、このためにいくつか問題が生じるかもしれません。なじみのある語やフレーズが、時にはスラング（俗語）として、異なった意味で使われることがあるからです。その例を、例文とともに見てみましょう。

bust	逮捕する
collar	捕まえる
finger	警察に垂れ込む
go down	行う、起こる
pack heat	銃を携行する（特に隠し持つ場合によく使われる）
perp	（＝perpetrator）犯人、加害者

stake-out	張り込み
tail	尾行、尾行する
ten-four	了解
undercover	秘密捜査、覆面捜査
wheels	自動車

・The witness fingered the perp under questioning, and the police department set up a stake-out.
　捜索中の犯人を目撃者が警察に垂れこみ、警察が張り込みをした。
・Having worked undercover on the case for more than six months, Crawford wanted the bust more than anything in the world.
　事件の秘密捜査を6カ月以上も続けたいま、クローフォードは何よりも逮捕を望んでいた。
・Smith was off duty, but the bulge under the guy's jacket told him he was packing heat, so he tailed him to back to the Bronx, where he called for back-up.
　スミスは非番だったが、その男のジャケットのふくらみは、彼が銃を隠し持っていることを語っていた。そこでスミスは彼をブロンクスまで尾行していき、そこで支援を要請した。

　検死の語彙は、言うまでもなくもっと専門的になります。検死に関する用語は、たしえば薬莢を調べると

きと致命傷を調べるときではまったく違うというように多様多岐にわたるので、包括的な語彙リストを提供することは不可能です。私はふつう、外国語で小説を読むときは辞書をあまり引かないようにと勧めていますが、おそらく検死に焦点を合わせた警察小説の場合は、辞書を手近におき、筋全体に大きな影響を与えるかもしれない専門用語を調べるのがよいでしょう。とはいえ、ほんのわずかの例ですが、検死の場面でよく使われる用語をあげておきます。

ballistics	弾道学
cadaver	（解剖用の）死体
chain of custody	分析過程の管理
John Doe	身元不明の男性
larceny	窃盗、窃盗罪
odontology	歯科学
pathology	病理学
toxicology	毒物学

　警察小説の特徴のひとつとして、ほかのジャンルよりも会話が多いという点があげられます。そして場面の多くは街中に設定されているので、会話にはたくさんのスラングが含まれる傾向があります。滞りない読書の妨げにはなるかもしれませんが、スラングは覚えてしまえばたいして問題にはなりません。スラングは

基本的に次の3種類があります。1）感情を爆発させるときの言葉。2）既存の言葉の代わりに使われる言葉。3）名詞を強調するため、あるいは話し手のいらだちを強調するための形容詞。

　1）についてはミステリの項ですでに説明しましたので、ほかのふたつを見ていきましょう。

　2）のスラングは予測するのが困難です。たとえば東京で使われる言葉は大阪で使われる言葉と違っているというように、地域によって異なるからです。また、辞書に載っていないこともあるでしょうから、物語の前後の状況から意味を理解しなければなりません。ネイティブスピーカーでもスラングに苦労することがあると聞けば、多少は慰めになるでしょうか。まあ、たいていは状況から意味がわかりますが。

　3）のスラングはふつう1語から成り、多くは罵りの意味をもつ形容詞です。以下の例文ではdarnを紹介しますが、同じように使われるスラングがたくさんあります。

・'Take your darn hands off me!' growled Simon.
　「そのきったねえ手を離せ！」サイモンがどなった。
・Sheila unclipped the magazine and checked it. 'Oh, that's great!' she muttered, 'Only one darn bullet left.'
　シーラは弾倉を拳銃から外し、それを調べてつぶやいた。「ああ、よかった！　このいまいましい弾はあと

1発しか残ってないわ」

・・'Are you serious?' asked Brian in confusion. 'You want me to be a darned babysitter?'

「本気かよ？」ブライアンはとまどいながらたずねた。「おれにクソいまいましいベビーシッターをしろって？」

　なんの脈絡もなく名詞にくっついているように見える形容詞と出会ったなら、それはきっとそこで語られていることを強調しているスラングだろうということにして、先へ進みましょう。その語自体がせりふになんらかの影響を及ぼしていることは、ほとんどありません。したがって、無視してもなんの問題もないでしょう。

　警察小説はとてもエキサイティングであるうえ、くだけた会話で英語がどのように話されているかを読者に紹介してくれる場ともなります。けれども警察小説の多くは「ハードボイルド」なので、若い読者のために書かれた本はわずかしかありません。そのため、難しいと感じるかもしれませんが、まずは試しにぜひ読んでみてください。

♪おすすめの本
A Great Deliverance（Elizabeth George）
All the Colours of Darkness（Peter Robinson）

As the Crow Flies（Damien Boyd）
Dead Wrong（Helen H. Durrant）
Double Cross（James Patterson）
Lost Girls（Angela Marsons）
One False Move（Harlan Coben）
The Black Echo（Michael Connelly）
The Bone Collector（Jeffery Deaver）
You Are Dead（Peter James）

恋とはどんなものかしら？（恋愛小説）

　恋愛を描いた物語は、少なくとも11世紀ごろから人気がありました。初期の恋愛物語の多くは、超自然の力を与えられた眉目秀麗な騎士が、竜など空想上の怪物に捕らえられた乙女を英雄的に救い出す、というものでした。けれどもこのような恋愛物語は、16世紀には時代遅れになります。18世紀になると恋愛を描いた作品がふたたび書かれるようになりますが、今度はもっとふつうの男女の交際を描いたもので、女性の主人公の視点から語られるようになります。こういったスタイルの最初期の小説のひとつは、1740年に出版された Samuel Richardson の *Pamela, or Virtue Rewarded* です。そして1813年に Jane Austen の *Pride and Prejudice* が出版されると、恋愛小説は表立って流行するようになりました。

　恋愛小説の定義は、ロマンティックな関係を築くふ

たりの人物をめぐる物語で、最後は必ずハッピーエンドとなる、というものです。恋愛小説の出版で最も成功している出版社は、ハーレクイン・エンタープライズでしょう。カナダに本社を置くこの出版社は、毎月120冊ほどの恋愛小説（ロマンス小説）の新刊を出版し、それらは29カ国語に翻訳されています。恋愛小説の設定は現代の場合もあれば過去の時代の場合もあり、舞台もさまざまであることから、よく用いられる語彙のリストを作ることは難しく、作品ごとにアプローチするしかありません。

恋愛小説は、直喩や隠喩、慣用句を多用する傾向があり、そのため比較的読みにくい傾向があります。作家たちは美しいイメージを読者に思い浮かべてもらうために、このような工夫を凝らしているのです。すべての恋愛小説が、ふたりの人物が恋に落ちるという同じ筋書きをたどるので、ある本がベストセラーになるかならないかは、その書き方に左右されることになります。したがって、作家が伝えようとしているイメージを理解するために、想像力を働かせることがとても重要となります。そうしたイメージを伝えてくれるのは言葉だけではなく、描かれている状況でもあります。

その一例は、F. Scott Fitzgerald の *The Great Gatsby* からの次の引用のなかに見ることができます。

・There was music from my neighbor's house through the

summer nights. In his blue gardens men and girls came and went like moths among the whisperings and the champagne and the stars.

　ふたつめの文は句読点がないため、少し無体裁に見えるかもしれませんが、くつろいだ雰囲気のなかで男女がシャンパンを飲みながら静かにお互いの会話を楽しんでいる美しいイメージが、余すところなく表現されています。この文自体はそれほど意味を持っているわけではありませんが、最初の文とあわせて読むと、語り手の隣の家では、夏には毎晩、打ち解けた雰囲気のパーティーが開かれているのだということがわかります。blue gardens という表現は、次のふたつのことを提供してくれます。1) gardens という複数形が使われていることから、その家の敷地は広く、いくつかのエリアに分かれていることがわかる。2) その庭は柔らかな照明で照らされていて、遠くから見ると青い光に包まれているように見える。また、moths という言葉が使われていることから、客たちが気軽に出入りしているようすがうかがえます。そしてそれ以外の部分からは、そのパーティーが気のおけない洗練された集まりであること、客たちは屋外で（stars の下で）、グラスを傾けながら（champagne）、静かに会話（whispering）を楽しんでいることがわかります。たったふたつの文でありながら、なんと多くの情報を伝えてく

れていることか。Fitzgeraldの巧みな表現を称賛せずにはいられません。

　恋愛小説でよく使われる技法としてはこのほか、想像力に富んだ表現にするために、ふつうならばその主語と組み合わせることのないはずの動詞を用いるという技法があります。先ほど引用した *The Great Gatsby* の同じ段落から、一例をあげてみます。

・…while his station wagon scampered like a brisk yellow bug to meet all trains…

　F. Scott Fitzgeraldがここで意図しているのは、黄色い自動車（ステーションワゴン）が駅とのあいだをせわしなく行き来しているイメージを作り出すことです。scamperはふつう、小さな子どもや動物や昆虫の短い脚がパタパタと駆けまわっているときに使われる動詞です。ここでは自動車を、駆けずりまわっている昆虫にたとえ、読者の頭に鮮やかなイメージが浮かぶようにと工夫しているのです。

　恋愛小説は慣れ親しむことによって好きになっていくジャンルであり、男性よりも女性に人気があります。筋書きは概してあらかじめ決まっているため（ふたりの人物が恋に落ちる）、本によって異なるのは幸せな結末に至るまでの過程だけです。このことから考えると、たとえ文章は難しくても、物語の筋を理解するのが最

も容易なジャンルと言えるでしょう。

♪おすすめの本

Bad Boy's Baby（Sosie Frost）

Christmas in Good Hope（Cindy Kirk）

Dark Paradise（Winter Renshaw）

Lord of Scoundrels（Loretta Chase）

Morning Glory（LaVyrle Spencer）

Nobody's Baby But Mine（Susan Elizabeth Phillips）

Pretend You're Mine（Lucy Score）

Roommates（Erin Leigh）

See Me（Nicholas Sparks）

The Bride（Julie Garwood）

青春時代を忘れたくない（ヤングアダルト）

　その名称のとおり、ヤングアダルト小説は若い読者のために出版され、市場に出されています。「ヤングアダルト」とは、全米図書館協会の定義によれば12歳から18歳までとのこと。この名称から考えて、おとな向きの小説よりも読みやすいだろうと思われるかもしれませんが、必ずしもそうではありません。12歳から18歳といえば、英語の文学を十分理解できるだけの力をすでに身につけているはずです。そしてこのジャンルの本は、単純な文の構造や少ない語彙で彼らを甘やかそうとはしていません。ヤングアダルト小

説の多くは、読者対象である年齢層の若い人たちを、おもな登場人物としています。ですからJ. R. R. Tolkienの *The Hobbit* やJ. D. Salingerの *The Catcher in the Rye*、William Goldingの *Lord of the Flies* などはみな、このジャンルに含まれると考えられています。

　ヤングアダルト小説の最も有名なシリーズをふたつあげるとすれば、J. K. RowlingのHarry Potterシリーズと、StephanieMeyerのThe Twilight Sagaシリーズでしょうか。このジャンルはおとなになっていく若い人たちがよく直面する問題を取り上げている場合が多く、そこには性の問題、抑うつ、自殺、ドラッグの濫用、アルコール依存症、家庭の問題、いじめなど、不穏なテーマも含まれます。したがって、明るく楽しい筋書きの読みやすい本ばかりとは限らないことを、心に留めておきましょう。

　ヤングアダルト小説の魅力のひとつは、その多くが一人称の語りで書かれ、ティーンエイジャーの視点でさまざまな出来事を見ていることでしょう。それはつまり、書き言葉というよりも、ティーンエイジャーが友だちに語ってきかせているような文章、'Oh, my God!'といった感嘆句の多い話し言葉調になるということです。また多くの場合、彼らは初めて経験することと折り合いをつけるのに苦労していることから、おもしろい比喩を使って、その場面を表現しようとします。自分が初めて出会った事柄の意味を、なんとかし

て理解しようとしているのです。一例をあげてみましょう。

・We were at a party at Greg's house. There was a lot of drink and ecstasy flying about, and by eleven o'clock things were getting out of hand. I saw Trudy Webber being backed into a corner by a spotty tenth-grader. And, oh, hell! He began pawing at her breasts like a dog trying to dig up a bone! How gross is that? Yuck! I expected her to push him away, but she actually seemed to be enjoying it. What the hell is the matter with that girl?

　おれたちはグレッグの家でパーティーをしてたんだ。酒やエクスタシーがじゃんじゃん飛び交って、11時までには手がつけられなくなっていた。にきび面の10年生に迫られて、トゥルーディー・ウェッバーが隅っこに押しやられているのをおれは見た。うわっ！あの野郎はまるで骨を掘り出そうとしている犬みたいに、トゥルーディーのおっぱいをさわりまくってるじゃないか。おえっ！　トゥルーディーはあいつを突き飛ばすだろうと思ったのに、実は楽しんでるらしい。いったいどうしちゃったんだ？

　ヤングアダルト小説では、文法はしばしば無いも同然です。文章は意味不明のたわごとになったり、逆戻りしたり繰り返してみたり、唐突に終わってしまった

り。でも、これがティーンエイジャーの話し方なのです。ですからもしも正しい文法にこだわろうとするなら、当てがはずれることになるでしょう。そんな一例をあげてみます。

・So, as I was saying, things were good. All good. The concert was just so awesome, people banging heads and stuff, just so good that no one wanted to leave, except Mark, of course, who never stopped complaining the whole damn time, the jerk. For me, it was the best day ever—mom is going to kill me if she ever finds out, though. That's cool. Parents have no idea, dumb the lot of them.

そんなわけで、さっき言ったように、めっちゃイケてた。何もかもイケてた。コンサートはやたらすごかった。みんな頭とかバンバン打ちつけちゃってね。ほんとすごくて誰もそこを離れたがらないんだ。もちろんマークは別だけど。あいつはいつだってグチばかり、あのむかつく野郎は。とにかくそれは、おれにとってこれまでで最高の日だった——でも、おふくろにバレたら殺されるだろうな。ほんとクールでさ。おやじもおふくろもわかるはずがない、あいつらバカだから。

上の例文からも、ヤングアダルト小説には大げさな表現がたくさん使われていることが見てとれるでしょう。何もかもが the best ever であり、すべてが totally awesome。そして人々はいつも die with laughter しますし、誰かを kill しようとしています。彼らは自分がまちがっているとは少しも考えません。ほかの人たちはみな jerk（まぬけ）で、自分だけが本当のことを知っているのです。つまりこのジャンルの本を楽しむには、寛大な心を持ってそれにアプローチする必要があるのです。若いころ自分も抱いていたにちがいない、優越感や無敵感を思い出して。

♪おすすめの本
Before Goodbye（Mimi Cross）
Cinder & Ella（Kelly Oram）
Gateway to Fourline（Pam Brondos）
Library of Souls（Ransom Riggs）
Looking for Alaska（John Green）
Me and Earl and the Dying Girl（Jesse Andrews）
The Hunger Games（Suzanne Collins）
The Infinite Sea（Rick Yancey）
The Sleeper and the Spindle（Neil Gaiman）
Winter（Mariss Meyer）

世界を知るために（ノンフィクション）

「ノンフィクション」と聞けば、このジャンルの本に書かれていることはみな100パーセント事実なのだと考えがちです。けれども実際の定義は「事実として

提示されている」題材の記述であり、事実でなければならないと言っているわけではありません。つまり、作家が事実であるかのように書いているのであれば、その本はノンフィクションに分類されることになるのです。このジャンルはもちろん非常に幅が広く、エッセイ、ドキュメンタリー、歴史書、科学書、テキストブック、ユーザーマニュアル、料理本、ハウツーもの、伝記から回想録、日記、さらには辞書に至るまで、あらゆるタイプの本を網羅しています。

　扱う範囲があまりにも広いため、その書き方の特徴をあげるのは非常に困難です。けれども、フィクションと同じようなスタイルで書かれることの多い伝記、自伝、回想録を除けば、ノンフィクションの大部分に共通してよく見られる特徴がひとつあります。それは長く複雑な文です。ノンフィクションの作家は、できる限り多くの情報をひとつの文に詰め込もうとする傾向があるのです。そして意味をきちんと伝えるためには文法的にもうこれ以上詰め込むことができないとなると、句読法を駆使して文をさらに長くしながら、自分の伝えたいことを文のなかに叩きこむのです。コロン、セミコロン、ダッシュ、コンマの使い方は別の項ですでに説明しましたので、ここでは繰り返しません。しかし、長い文をいくつかの部分に分けると理解しやすくなることを、どうか思い出してください。一文一文が長いからというだけで、本を投げ出すことがあり

ませんように。

　句読法に関してもうひとつ、ノンフィクション作家がよく用いるのは、ハイフン (-) です。ハイフンは英語という言語に、文法の持ちえない柔軟性を与えてくれています。つまり、いくつかの語をつなぎあわせて、ひとつの形容詞を作りあげることができるのです。このような形容詞は「句形容詞 phrasal adjectives」と呼ばれます。句形容詞のなかには、英語として定着し、辞書に載っているものもあります。たとえば do-it-yourself（自分でできる、日曜大工の）、angry-looking（怒ったような顔つきの）、pay-on-demand（請求があり次第支払う）などがそれに当たるでしょう。しかしこのように定着している句形容詞だけでなく、さまざまな語をいくつでも自由に組み合わせて作ることができるのです。ノンフィクション作家たちは、この方法によって生み出される簡潔さを大いに利用しています。ですからノンフィクションを読んでいると、このようなハイフンを用いた造語にたびたび出会うでしょう。以下はその例です。

・Check the connections on the software-installed computer to ensure that there is no faulty wiring.

　配線が誤っていないことを確かめるために、そのソフトウェアのインストールされたコンピュータの接続をチェックしてください。

第3章　ジャンル別 英文小説の読み方

・Contacting politicians directly was never easy, as they tended to surround themselves with teams of privacy-protective staff who rarely let anyone through.

政治家と直接コンタクトを取るのは難しい。滅多に誰も通すことのないプライバシー保護スタッフを周囲にはべらせていることが多いからだ。

ノンフィクションの書き方に見られる共通要素としては、このほかに反復があげられるでしょう。作家たちはみな、読者が重要なポイントを誤解したり見落としたりすることがないようにと気を使っています。そしてそのためには反復が有効なのです。反覆には、直後の反覆と、あいだをおいてからの反覆とのふたつがあります。まずは直後の反覆の例を見てみましょう。

・Although investment provided the majority of his annual income early in his career, at the beginning of the 2000s he cashed in all of his assets and poured the returns from this into starting up the new company. In other words, he risked everything he owned on a single venture, which, despite early troubles, turned out to be a wise move.

彼はその経歴の初期においては、年収の大部分を投資から得ていたが、2000年代の初めに全資産を現金化し、その現金を新しい会社の設立に注ぎ込んだ。言い換えれば、所有するすべてをひとつのベンチャーに

賭けたのだ。それは初期のトラブルにもかかわらず、結果として賢明な措置であった。

　この場合 in other words（言い換えれば）が、反復が行われることを示すために使われています。このほかにも、次のようなフレーズを同じように使うことができます。

・To put it another way...　　別の言い方をすれば……
・My point is...　　私が言いたいことは……
・The point that I would like to emphasize here is...
　ここで私が強調したいことは……

　あいだをおいてからの反復とは、読者の注意を促すために、作家がその本で前述したことをもう一度持ち出すことです。そのときに用いられるフレーズには、次のようなものがあります。

・As stated in chapter three...　　第3章で述べたように……
・As mentioned earlier...　　前述のとおり……
・I mentioned before that...　　先ほど……と述べたが

　ノンフィクションは一見、とても難しそうに思えるかもしれませんが、ある意味ではフィクションよりも

理解しやすいと言えるでしょう。なぜなら、作家たちは読者に情報を伝えるにあたり、言外の意味や前後の状況に頼ろうとはしないからです。誤解の余地がないように、すべてが明確に、そして簡潔に書き記されているのです。また、専門家ではない人々のために書かれているので、専門用語は最小限におさえられています。ノンフィクションにはもちろん読みやすいものもあれば難しいものもあり、つまり、あらゆる英語のレベルに適した本がそろっています。

♪おすすめの本

Boys in the Trees（Carly Simon）
Columbine（Dave Cullen）
Maude（Donna Foley Mabry）
My Life（Bill Clinton）
Open（Andre Agassi）
Our Choice: A Plan to Solve the Climate Crisis（Al Gore）
Steve Jobs（Walter Isaacson）
Switch: How to Change Things When Change is Hard（Chip Heath and Dan Heath）
The Wright Brothers（David McCollough）
Who Moved My Cheese?（Spencer Johnson）

Column 7 動詞として使われる名詞（オフィスの備品）

　オフィスの備品には、faxやphone、copyなどのように動詞としての意味が明らかな名詞のほかにも、動詞としてよく使われるものがたくさんあります。その例と一覧を紹介しましょう。

＊**carpet**　絨毯／人を呼びつけて叱る（上司が部下を自分の席の前の絨毯の上に立たせて）

・'You know you're going to be carpeted for moonlighting on the job, right?' said Pamela.

　「あなたは勤務中に内職をしてたので、呼び出されて叱られるわよ。わかってるわね？」パメラが言った。

＊**catalog**　カタログ／リストに載せる

・Katie cataloged all of the places she wanted to visit on her vacation, and then switched off the computer.

　ケイティは休暇中に行ってみたい場所をすべてリストアップし、それからコンピュータの電源を切った。

＊**clock**　時計／記録する、（記録を）達成する

・The company clocked up a record of sixteen patents on a single item of technology.

　その会社はある技術工学の製品に関して16の特許の記録を達成した。

＊**envelope**　封筒／囲む

・The building was enveloped by sloping lawns and a mature forest.

そのビルは傾斜した芝地と十分に成長した森に囲まれていた。

＊frame　額縁／(ある人を罪に陥れるために) 証拠をでっちあげる

・Peterson was framed for the crime and spent three years in the penitentiary. Three years of his life gone for something he didn't do.

ピーターソンは犯罪者に仕立て上げられ、刑務所で3年過ごした。自分のやっていないことのために、人生の3年間が無駄になったのだ。

＊partition　仕切り／(部屋などを) 仕切る

・The room was partitioned into two distinct areas; one for recreation and one for relaxation.

部屋はふたつにきっちり仕切られた。ひとつは娯楽のための場、もうひとつは休息のための場だ。

＊pen/pencil　ペン・鉛筆／書く

・Sean had penned the original report, but he could see that it had been heavily edited.

ショーンは元の報告書を書いたが、大幅に編集されていることがわかった。

＊table　テーブル／議案として提出する

・Beresford waited until Hubert had finished speaking before tabling his proposition.

ベレスフォードはヒューバートが話し終えるのを待って自分の提案を持ち出した。

chair	椅子／〜の議長を務める
clip	クリップ／クリップで留める
draft	草稿、下絵／草稿を書く、下絵を描く
file	ファイル／(書類などを) 綴じる
glue	糊(のり)／接着する
label	ラベル／ラベルを貼る
list	リスト／リストにする
plug	プラグ／(プラグを) 差しこむ、(穴などを) ふさぐ
stamp	切手、判／切手を貼る、判を押す
staple	ホチキス／ホチキスで綴じる

Column 8 慣用句

　慣用句 (idiom) とは、文字どおりの意味とは異なる比喩的な意味を持ち、広く定着しているフレーズのこと。つまり、フレーズのなかの語全体の意味が、個々の意味とは異なるということです。たとえば pull one's leg は、文字どおりには「人の脚を引っ張る」という意味ですが、それとは異なる「からかう」という意味になります。英語には一般的に使われているもの

だけでも、少なくとも 25,000 の慣用句があると言われています。その大部分は、文学のなかにたびたび登場するわけではありませんが、それでもかなり多くが使われています。したがって外国語として英語の小説を読むときには、慣用句を見分けることが重要です。もちろん、それを見分けるのはそれほど簡単ではありません。とはいえ、あるフレーズが物語の状況にうまく当てはまらないように見えたなら、それは慣用句かもしれないと当たりをつけ、意味を調べてみるとよいでしょう。

　紙面の都合上、よく使われる慣用句のすべてをここにあげることはできませんが、小説によく登場しそうなものをいくつかあげておきましょう。〔　〕内は文字どおりの意味。

＊black sheep of the family〔一族のなかの黒い羊〕一家の厄介者、持て余し者（family は文字どおり「家族」を指すこともあれば、比喩的に「グループ」「組織」などを指すことも）
・Hansen was the black sheep of the family, but his amazing track record prevented the company from firing him.
　ハンセンは会社の持て余し者だったが、その驚くべき実績のおかげで会社からクビにされずにすんだ。
＊can of worms〔缶いっぱいのミミズ〕厄介な問題
・Cody didn't want to involve the Eighth Street Gang, as

that would open a completely different can of worms.

　コーディは8番街の暴力団を巻きこみたくなかった。そんなことをすれば、別の厄介な問題を引き起こすことになるからだ。

＊**face the music**〔音楽と向かいあう〕自分の過ちに対する叱責や罰を受け入れる

・Geoff realized that the only thing he could do was to confess to the theft and face the music.

　自分のできるただひとつのことは、盗みを認め、潔く罰を受けることだとジェフは悟った。

＊**keep one's eye on the ball**〔ボールから目を離さない〕起こっていることの最も重要な局面に油断なく注意を払う（don't drop the ball も同じ意味）

・The financial crash had caused so many problems that Kevin was having trouble keeping his eye on the ball.

　財政破綻はあまりに多くの問題を引き起こしたので、ケヴィンは油断なく注視しつづけるのが難しくなった。

＊**wolf in sheep's clothing**〔羊の衣を着た狼〕無害を装う危険人物

・Mr. Haversham exuded an outward appearance of being kind and gentle, but in truth he was a wolf in sheep's clothing.

　ハヴァーシャム氏は親切で穏やかな外観を漂わせていたが、実は善人を装った危険人物だった。

第4章　生きている間にぜひ読みたい英語の小説 100 冊

　外国語で読む本を選ぶのはなかなか難しいものです。好みの問題もあれば、英語の習熟度の問題もありますから。子どもやヤングアダルト向けに書かれた本のほうが読みやすいだろうと考えて、そのような本を選びがちですが、多くの場合、英語のレベルは子ども向けの本とおとな向けの本で違いがありません。たとえば、Lewis Carroll の書いた有名な児童書 *Alice's Adventures in Wonderland* は大人向けの本の多くよりずっと読みにくいし、Ernest Hemmingway の *The Old Man and the Sea* は児童書の多くより読みやすいのです。したがって自分に合った本のスタイルや著者を見つけるには、どうしても試行錯誤が必要です。とはいえ、自分の好みを知るために本をたくさん買いこむとすれば、かなりの出費になってしまうでしょう。そこで私は、英語学習のための多読によく用いられるような児童書等のリストではなく、英語のネイティブが選んだ英米文学の決定版ともいうべき本のリストを作ってみました。このような本を選んだのは、英語で書かれた名作を読むことによってみなさんに自信をつけてほしいと願うからですが、そのほかにも次のような理由があります。
1）どれも有名な本なので、それらの本に関するレビ

ューや情報をインターネットでいくらでも得ることができます。したがって本を購入する前に、自分の好みに合うかどうかを確かめることができるでしょう。

2）これらの本の多くは簡潔な文章で書かれています。

3）児童書からミステリ、コメディ、スリラーまで、あらゆるジャンルを網羅しています。

4）著作権がすでに切れている本が多く、電子書籍リーダーをお持ちの方は無料（またはきわめて安価）で入手することができます。また、PDFフォーマット等で無料で入手できる本も多く、パソコンにダウンロードしてスクリーンで、あるいはプリントアウトして読むことができます。

このリストにはほぼ3世紀にわたる文学作品が集められていることから、読みにくいと感じる本もあるかもしれません。英語の読書力にあまり自信がない場合は、19世紀以前に書かれた小説を避け、過去100年ほどのあいだに書かれた本を選ぶとよいでしょう。

リスト作成の準備をしているとき、私は「ベスト100冊」といったリストが実にたくさんあることに気づきました。その多くは雑誌、新聞、ブッククラブ、書店、個人が作成したリストであり、あげられている本が少しずつ異なります。以下のリストを作成するにあたり、私は単なる自分の好みではなく偏りのない意見を反映させるために、アメリカとイギリスの信頼できる情報源から数多くのリストを集めました。そして

それらを混ぜあわせ、取捨選択して、一般的に最も評価の高い本を網羅したリストを作りあげました。下記のリストに並べた本はどれもふたつ以上のリストにあげられていたものであり、一生のうちに一度は読む価値があるとされている本の代表例といえるでしょう。

それぞれの本は当然ながらリストによって人気の順位がまったく異なっているため、ここではランキングの形ではなく、アルファベット順に並べることにしました。したがってリストの末尾にあげてある本も、冒頭にあげてある本と同様に重要、というわけです。

それでもなおこれらの小説に挑戦する自信がないという場合は、今はひとまずリストを脇においておきましょう。一生のうちには、読んでみようという日がいつか来るかもしれません。

1. A Bend in the River by V. S. Naipaul（1979）

舞台はアフリカ。インド系移民の商家に生まれた青年サリームは内陸部のある町に移り住んで店を開き、そこから混沌、動乱、敵対しあう部族、無知、孤立、貧困の物語を語ります。

2. A Clockwork Orange by Anthony Burgess（1962）

スタンリー・キューブリックによる映画が小説以上によく知られています。暴力、窃盗、殺人に明け暮れる15歳のアレックスとその仲間たちを描いた、ディ

ストピア（ユートピアの正反対）小説の古典。アレックスはついに投獄され、再教育プログラムを受けることになります。

3. A Passage to India by E. M. Forster（1924）
　大英帝国統治下のインドで政治的・文化的衝突にさらされた人々を描く力作。若いイギリス人女性アデラとその同行者ムーア夫人は、イギリスに支配されていない「真実の」インドを探し求めたいと考え、人々の尊敬を集めているインド人医師が案内役を務めることになりますが、ものごとは期待どおりには運びません。

4. A Single Man by Christopher Isherwood（1964）
　ロサンゼルスに住むゲイの英文学教授ジョージの物語。恋人ジムが死んで悲しみに沈むジョージは、孤独に打ち勝ってなんとか生き抜いていこうと決意します。

5. Alice's Adventures in Wonderland by Lewis Carroll（1865）
　史上最も愛読されている児童文学のひとつ。うさぎの穴に落ちた少女アリスがさまざまな奇妙な人物や動物と出会うとき、読者はシュールな世界をかいま見ることになります。

6. All the King's Men by Robert Penn Warren（1946）

　アメリカの政治を描いた最良の小説とされています。設定は1930年代。理想主義者として政界に登場したウィリー・スタークは、まもなく成功によって堕落していきます。

7. Amongst Women by John McGahern（1990）

　元IRAの闘士であった老人マイケル・モランの物語。マイケルは地域の人々からは尊敬を受けていましたが、冷酷な性格で、妻と5人の子どもたちを暴力で抑えつけていました。

8. An Artist of the Floating World by Kazuo Ishiguro（1986）

　画家、小野益次の目を通して見た戦後日本の姿。小野は家や庭の手入れをしたり夜には旧友と語らうなど、穏やかな隠居生活を送っていましたが、戦前から戦時中にかけて軍国主義の宣伝に加担した記憶に、絶えずつきまとわれていました。

9. As I Lay Dying by William Faulkner（1930）

　アメリカ最南部ミシシッピの田舎の生活を巧みに描いた作品。アディ・バンドレンの柩(ひつぎ)を、その生まれ故郷まで運ぶ葬列に連なる家族たちが次々に語ります。

10. At Swim-Two-Birds by Flann O'Brien（1939）
　伝統的文学からはかけ離れた、滑稽な風刺小説。奇妙てれつな人物が登場する物語を作り出すのが好きな、飲んだくれの大学生が主人公です。

11. Babbitt by Sinclair Lewis（1922）
　主人公は羽振りのいい不動産業者ジョージ・バビット。危機に直面したジョージは自分の人生をもう一度見直し、現状に逆らおうとします。

12. Brave New World by Aldous Huxley（1932）
　遺伝子工学と洗脳を用いた人工的な理想社会から脱出しようとする主人公バーナード・マークスを描いた未来小説。

13. Breathing Lessons by Anne Tyler（1988）
　友人の葬儀に出席するために、夫と車でアメリカを横断中の中年女性マギー・モーラン。その途中、おせっかいなマギーは他人の暮らしに首を突っこみ、何度かまわり道をすることになります。

14. Catch-22 by Joseph Heller（1961）
　第二次世界大戦末期、爆撃機のパイロットであるヨッサリアンは、会ったこともない多くの人々がなぜ自分を殺そうとするのか、納得のいく答えを見つけよう

とします。

15. Clarissa, or, The History of a Young Lady by Samuel Richardson（1748）

　この本を読むには根気と時間が必要です。英語で書かれた最も長い小説といわれているこの作品は9巻に分かれており、また1748年の出版であることから、現代では滅多に使われない文体が用いられています。家族から絶えず妨害されつつも善を求めようとする、ひとりの若い女性を描いた悲劇。

16. Cold Comfort Farm by Stella Gibbons（1932）

　20世紀前半のイギリスを舞台としたとてもコミカルな小説。両親を相次いで失くした19歳の主人公フローラ・ポストは、田舎に住む親戚の家に移り住む決心をします。ところが親戚たちは変人揃い。フローラは彼らをひとりずつまともにしていかねばと奮闘します。

17. David Copperfield by Charles Dickens（1850）

　チャールズ・ディケンズは自作の小説のうちでこの作品を最も好んでいたようです。逆境と闘うデイヴィッド・コパフィールドの姿が描かれていますが、心躍る楽しい場面では魅力的な人物もたくさん登場します。

18. Disgrace by J. M. Coetzee（1999）

　南アフリカを舞台に、ある中年男の転落を描いた小説。大学教授であった彼は女子学生と恋愛関係に陥ったのち、追われるようにして大学を去り、成人した自分の娘の農園に身を寄せて暮らすことになります。

19. Dracula by Bram Stoker（1897）

　紹介するまでもなく有名な、ブラム・ストーカーによる傑作。ドラキュラ伯爵は新しい血を求め、吸血鬼の呪いを広めるために、トランシルヴァニアからイギリスへやって来ます。

20. Emma by Jane Austen（1816）

　19世紀初頭のイギリスの田園が舞台。裕福な家庭で何不自由なく育ったエマ・ウッドハウスは、聡明で快活な女性ではありますが、あと先のことなど考えず、他人におせっかいを焼きはじめます。

21. Frankenstein ; or, The Modern Prometheus by Mary Shelley（1818）

　最古のSFのひとつとされるゴシック小説。無生物に生命を与える実験をしていたある科学者が、ついに実験に成功。けれどもその結果は、言葉にはできないほどの恐怖と悲劇に満ちたものでした。

22. Gentlemen Prefer Blondes by Anita Loos (1925)

当時アメリカを席巻していたジャズ・エイジを見事に描いた作品。主人公のローレライ・リーは娯楽を求めてヨーロッパ旅行へ。アメリカに帰国後、大富豪と結婚します。

23. Gulliver's Travels by Jonathan Swift (1726)

一般的にはこのタイトルで知られていますが、オリジナルでは、タイトルは *Travels Into Several Remote Nations Of The World In Four Parts*（『4部からなる世界の遠い国々への旅行記』）、著者はジョナサン・スウィフトではなくレミュエル・ガリヴァーとなっています。政治や社会の堕落を風刺した作品であるとともに、18世紀初頭に探検家たちがこぞって出版した「旅行家たちの物語」のパロディともなっています。

24. Hadrian the Seventh by Frederick Rolfe (1904)

もともとはコルヴォー男爵というペンネームで出版されたこの作品は、ローマに連れていかれて教皇の座に就いたイギリス人、ジョージ・ローズが主人公。教皇ハドリアヌス7世となったローズは改革主義者で、ヒエラルキーで固められた教会の意向に反し、カトリック教会に大きな改革をもたらそうと苦闘します。

25. Heart of Darkness by Joseph Conrad（1899）

　中央アフリカのコンゴ川をさかのぼっていく象牙運搬人を描いた、80ページほどの短い作品。19世紀末のアフリカにはびこっていた人種差別、植民地主義、ヨーロッパの帝国主義が描かれています。

26. Housekeeping by Marilynne Robinson（1981）

　アメリカ北西部の荒涼とした土地を舞台に、死んだ母親の妹のもとで苦闘しつつ成長していくふたりの姉妹を描いた、喪失と孤独の物語。

27. In Cold Blood: A True Account of a Multiple Murder and Its Consequences by Truman Capote（1966）

　1959年にカンザス州の片田舎で実際に起きたある農家の惨殺事件を題材にした、身も凍るようなノンフィクション。殺人についての包括的な検証であり、犯罪をめぐる状況と犯罪がそれに関わった人々に与える影響を探っています。

28. Jane Eyre by Charlotte Brontë（1847）

　ジョージ3世の時代のイギリスを舞台に、冷酷な保護者、劣悪な環境、厳格な社会の因習などにもめげずに生きる、主人公ジェーン・エアの不屈の精神を描いた古典。

29. Joy in the Morning by P. G. Wodehouse（1946）

　P. G. ウッドハウスは 90 冊余りのユーモラスな本を書いていますが、おそらくこれはその中で最もおもしろい作品でしょう。恐ろしい伯母の住む村に滞在しなければならなくなったバーティ・ウースターとその従者ジーヴズは、常人ならばとても耐えられないような試練と災難にあうことになります。

30. Jude the Obscure by Thomas Hardy（1895）

　労働者階級の石工ジュード・フォーリーと彼が恋に落ちた従妹スー・ブライドヘッドを描いた、暗く陰鬱な物語。階級、教育、宗教、結婚の問題を扱っています。

31. Kidnapped by Robert Louis Stevenson（1886）

　血わき肉おどる冒険小説。無一文の孤児デイヴィッドは誘拐され、アメリカ行きの船に閉じこめられますが、船はスコットランド沖で座礁。デイヴィッドは正義を求めて、危険な荒野を渡っていくことになります。

32. Kim by Rudyard Kipling（1901）

　19 世紀末、大英帝国統治下のインドが舞台。キムはアイルランド人の両親を失くしたのち、物乞いをしながらインドのラホールの街をうろついていました。そんなキムはスパイとしてある任務を与えられ、親し

くなった僧侶とともに任務を果たすべく出発します。

33. Little Women by Louisa May Alcott（1868-9）
　もともと 2 巻に分けて出版された（第 1 巻は 1868 年、第 2 巻は 1869 年）この作品は、南北戦争に出征している父親の不在中、4 人の姉妹が喜びや悲しみを分かちあいながら成長していくさまを描いた、アメリカの家庭小説。

34. Lolita by Vladimir Nabokov（1955）
　出版された当初のスキャンダルで有名ですが、実はユーモラスな文体で書かれたラブストーリー。ハンバート・ハンバートという名の詩人は、12 歳の少女をどのように誘惑したのかが描かれています。

35. Lolly Willowes by Sylvia Townsend Warner（1926）
　父親を失くし、兄弟たちに頼らざるをえなくなった 28 歳のイギリス人女性ロリー・ウィローズ。ところが兄弟たちやその妻たちから女中のように扱われ、ロリーは彼らのもとを離れることにします。そして移り住んだベドフォードシャーの小さな村で、ロリーは魔女になります。

36. Lord of the Flies by William Golding（1954）
　飛行機の墜落によって無人島に取り残された少年た

ちの物語。はじめのうちそこそこ助けあっていた彼らはやがて対立しあい、悪夢のような闘争へと駆り立てられていきます。

37. Middlemarch by George Eliot（1871-2）
　800ページ近い大長編で、もともとは1871年から1872年にかけて、8冊に分けて出版されました。19世紀前半のイギリスのある地方都市を舞台に、ドロシア・ブルックと医師ターシアス・リドゲイトの生活を描いています。

38. Midnight's Children by Salman Rushdie（1981）
　サリーム・シナイはインド独立のまさにその瞬間に誕生。特別な能力を持つ1000人の子どもたちと交信できる超能力を授かり、成長していきます。

39. Moby-Dick by Herman Melville（1851）
　船員イシュメイルが語る冒険物語。イシュメイルの乗る捕鯨船の船長は、以前、彼の船を破壊し、彼の片脚の膝から下を食いちぎった白鯨を捕らえて復讐を果たすことにとりつかれていました。

40. Money : A Suicide Note by Martin Amis（1984）
　大量消費社会についての痛快な物語。酒、食べ物、煙草、ドラッグを満喫できるなら何事もいとわないジ

ョン・セルフは、その機会を求めながらニューヨークとロンドンを行き来します。

41. Mrs Dalloway by Virginia Woolf（1925）
　第一次世界大戦後まもないイギリスに住む上流婦人クラリッサ・ダロウェイの一日を描いた小説。その晩開くパーティーの準備をするダロウェイ夫人の心に、さまざまな記憶や思いが去来します。

42. Mrs Palfrey at the Claremont by Elizabeth Taylor（1971）
　終身契約でクレアモント・ホテルに滞在している未亡人パルフリー夫人は、老齢にもかかわらず若い青年と親しくなります。そしてほかの終身滞在者には秘密でこの交際を続けるうちに、青年への思いはいつしか恋心へと変わっていきました。

43. Murphy by Samuel Beckett（1938）
　仕事をはじめあらゆる社会参加活動が苦手で、ひとりで過ごすのが好きなアイルランド人マーフィーは、やがて社会から脱落していきます。婚約者のシーリアはマーフィーの意識を変えて彼を社会に引き戻そうとしますが、何を試みても成功しません。

44. New Grub Street by George Gissing（1891）
　19世紀末のロンドンを舞台に、執筆で生計を立てている作家、ジャーナリストたちの日常生活を描いた作品。

45. Nightmare Abbey by Thomas Love Peacock（1818）
　朽ちかけた屋敷でひとり息子スカイスロップと暮らす陰気な未亡人を描いたユーモラスな物語。屋敷には詩人や文学愛好者たちが絶えず出入りし、誰もが口々に自分の意見を語りますが、その内容はほとんど価値のないことばかり。スカイスロップの二股をかけた女性関係を中心に物語が展開します。

46. Nineteen Eighty-Four by George Orwell（1949）
　すべてが政府によって管理されるようになった未来を描く、ディストピア小説の傑作。真理省の役人ウィンストン・スミスは政府の要望にあわせて歴史を書き換えていますが、そんななかで同僚の若い女性と恋に落ちます。

47. Of Human Bondage by W. Somerset Maugham（1915）
　恋愛と冒険に夢と期待を抱く少年フィリップ・ケアリは、短期間ドイツとフランスに滞在したのち、ロンドンで医学の勉強を始めます。そこでウエイトレスのミルドレッドと知りあい、抜き差しならない関係に陥

っていきます。

48. On the Road by Jack Kerouac（1957）
　アメリカン・ドリームを描いた小説。ふたりの若者が、飲酒、ドラッグ、女の子、ジャズという形の冒険を求めて、アメリカ大陸を旅していきます。

49. Party Going by Henry Green（1939）
　裕福で甘やかされた若者たちを描いた物語。彼らはパーティーに出席するために、汽車でロンドンから田舎に向かっていました。ところが濃霧で汽車が遅れてしまい、駅に隣接した大きなホテルに宿泊しなければならなくなります。

50. Rabbit Redux by John Updike（1971）
　1960年代終わりの人種問題を取りあげた物語。ハリー・アングストロームは妻に去られ、失業の危機にさらされ、母親は死にかけているという状況に置かれています。18歳のジルと知りあい、ようやく運が上向いてきたかと思ったとき、ジルがハリーの家に黒人の過激派の青年をつれてきたことから、ふたたび混乱のなかへ……。

51. Robinson Crusoe by Daniel Defoe（1719）
　17世紀半ば、難破によって漂着した島で必死にな

って生きていく男を描いた、比類のない物語。人食い人種から救い出してフライデイと名づけた男が、彼の手助けをします。

52. Scoop by Evelyn Waugh（1938）
　ウィリアム・ブートは田園生活のコラムニスト。ところが人違いにより新聞社の特派員として、内乱が勃発しつつある東アフリカのある国に派遣されることになってしまいました。加熱する報道合戦に明け暮れるジャーナリズムを皮肉ったコメディ。

53. Sister Carrie by Theodore Dreiser（1900）
　ウィスコンシンの田舎の生活に倦み、姉夫婦を頼ってシカゴにやって来たキャロライン・ミーバーの遍歴を描いた作品。

54. Song of Solomon by Toni Morrison（1977）
　アフリカ系アメリカ人の富裕な不動産業者の息子ミルクマン（本名はマコン・デッド3世）のたどった人生を描く物語。表向きは家族に伝わる財宝を探しながら、ミルクマンは家族の歴史を知ることになります。

55. Sybil, or the Two Nations by Benjamin Disraeli（1845）
　イギリスの首相を務めたディズレイリが書いたこの本には、19世紀半ばの労働者階級の窮状が描かれて

います。フィクションの形で書かれてはいますが、ディズレイリ自身の政治的理想が反映されていると考えられ、歴史的観点から見て重要な作品と言えるでしょう。

56. The Adventures of Augie March by Saul Bellow（1953）

主人公オーギー・マーチは愚直でだまされやすく、他人の意見にすぐ左右されてしまいます。けれども女性狩猟家シーアと出会って以来、そんな性格を変えようと思いたち、真実と自分のアイデンティティの探求に乗り出します。

57. The Adventures of Huckleberry Finn by Mark Twain（1884）

時代を超えて愛読されている物語。ハックルベリー・フィンは死んだふりをして飲んだくれの父親のもとから脱出し、途中で出会った逃亡奴隷のジムとともに、自由と独立を求めてアメリカ最南部を旅していきます。

58. The Age of Innocence by Edith Wharton（1920）

1870年代のニューヨークを舞台とするこの作品には、当時の上流社会のモラルへの批判が込められています。弁護士のニューランド・ノーヴァーはメイ・ウ

ェランドという箱入り娘と婚約していましたが、ふたりの幸せはメイの従姉エレン・オレンスカの登場によって脅かされることになります。

59. The Beginning of Spring by Penelope Fitzgerald (1988)

1913年のモスクワ。ロシアで印刷業を営んでいるイギリス人フランク・リードの妻はイギリスへ帰国してしまい、フランクは3人の子どもたちとともに残されてしまいました。そんな混乱のなか、リーザ・イワーノヴナという若い女性が登場します。

60. The Bell Jar by Sylvia Plath (1966)

詩人シルヴィア・プラスの唯一の小説。20世紀半ばのニューヨークを舞台とし、ファッション誌の編集見習い生として、仕事とカクテルパーティーの日々を送るエスター・グリーンウッドの苦悩が描かれています。

61. The Big Sleep by Raymond Chandler (1939)

ロサンゼルスの私立探偵フィリップ・マーロウを主人公とした、チャンドラーの犯罪小説の最高傑作。マーロウはゆすりの被害にあっている車椅子の老人から助けを求められます。

62. The Call of the Wild by Jack London（1903）

　人間と犬との関係を描いた冒険小説。セントバーナードと牧羊犬の混血種の犬バックは、カリフォルニアの飼い主の家から盗み出されて売り飛ばされ、アラスカで犬橇(いぬぞり)の犬として過酷な扱いを受けていました。あるときソーントンという男と出会い、バックは彼への忠誠心を深めます。その一方、荒野の狼(おおかみ)の遠吠えを聞き、バックの野性が目覚めていきます。

63. The Catcher in the Rye by J. D. Salinger（1951）

　社会からはみだしたシニカルな少年ホールデン・コールフィールドを主人公とした、世界的に有名な物語。偽りやごまかしに満ちた社会に反発しながら、ホールデンは成長していきます。

64. The Dogs of War by Frederick Forsyth（1974）

　思わず身を乗り出してしまうような波乱に満ちた小説。鉱山王サー・ジェームズ・マンソンは、傭兵(ようへい)を集めてアフリカのある共和国の独裁政権を倒し、自分の言いなりになる大統領を政権の座に就かせようと企てます。その国には膨大な埋蔵量を誇る鉱脈があり、計画がうまくいけば大統領がマンソンにその利益を与えてくれるというのです。

65. The End of the Affair by Graham Greene（1951）

　舞台は第二次世界大戦中のロンドン。モーリス・ベンドリクスは知人の妻サラとの関係を深めていましたが、空襲で負傷したあと、突然、何の説明もなしにサラから関係を断たれてしまいました。2年後、なおもサラを愛していることに気づいたベンドリクスは、私立探偵を雇い、謎を解明しようとします。

66. The Golden Bowl by Henry James（1904）

　2組の男女の欠陥ある結婚、それが人生と人間関係に及ぼす影響を描いたアメリカ文学の傑作。

67. The Golden Notebook by Doris Lessing（1962）

　作家アンナ・ウルフはぶち当たった壁をなんとかして突き破ろうと、日々の経験を分野別に分け、5冊のノートに綴っていました。黒いノートには執筆について、黄色いノートには感情について、というように。そして自分の作家としてのアイデンティティと政治的アイデンティティを再発見させてくれたのは、黄金のノートでした。

68. The Good Soldier by Ford Madox Ford（1915）

　ドイツの温泉地で出会った2組の夫婦は、それぞれ申し分のない立派な生活を送っているように見えますが、語り手のたび重なるフラッシュバックを読んでい

くうちに、読者はものごとが見かけどおりではないことに気づかされます。

69. The Grapes of Wrath by John Steinbeck（1939）

大恐慌の影響から逃れるために、アメリカ大陸を西へ西へと移動することを余儀なくされたトム・ジョードとその家族の、偽りの希望、破れた夢、苦難と絶望の物語。

70. The Great Gatsby by F. Scott Fitzgerald（1925）

舞台は「狂乱の1920年代」を謳歌するアメリカ。ロングアイランドの大邸宅で、毎晩のように華やかなパーティーを開く男がいました。表面はきらびやかなアメリカの富裕者の社会を描いた、胸に迫る物語。

71. The Heat of the Day by Elizabeth Bowen（1948）

戦時下のロンドン。ステラ・ロドニーは、恋人ロバートが敵に情報を売っているのではないかと嫌疑をかけられていることを知り、愕然とします。そしてロバートと、彼を追跡しようとしている英国情報局とのあいだで板ばさみに。どちらを信用したらよいのでしょうか。

72. The History of Mr Polly by H. G. Wells（1910）

エドワード王朝のイギリスを舞台にした、アルフレ

ッド・ポリーのユーモラスな物語。ごく平凡な男性であるポリー氏は、口やかましい妻、破産の恐怖など、中年の危機に直面しています。自殺をはかったものの未遂に終わりますが、それがきっかけで明るい未来が開けていきます。

73. The Life and Opinions of Tristram Shandy, Gentleman by Laurence Sterne (1759)

もともとは9巻に分けて出版された滑稽小説。地主階級の紳士トリストラム・シャンディが自分の人生を語り、そのなかでたくさんのおもしろい人物が登場します。

74. The Maltese Falcon by Dashiell Hammett (1929)

私立探偵サム・スペードはミス・ワンダリーという女性から、妹を捜してほしいと依頼されます。ふさわしくない相手と駆け落ちしてしまったというのです。ところがサム・スペードはまもなく、ミス・ワンダリーが見かけどおりの人物ではないことに気づきます。

75. The Moonstone by Wilkie Collins (1868)

主人公レイチェル・ヴェリンダーが誕生日に贈られた、非常に高価なインドのダイヤモンドの盗難をめぐるミステリ。容疑者が次々と現れ、捜査を任されたカフ部長刑事はクビにされてしまいます。

76. The Narrative of Arthur Gordon Pym of Nantucket by Edgar Allan Poe（1838）

密航を試み、捕鯨船に乗りこんだふたりの少年ピムとオーガスタスを描く海の冒険物語。航海の途中で、ふたりは何度か死に直面し、恐ろしい出来事を目撃します。

77. The Old Man and the Sea by Ernest Hemingway（1952）

ヘミングウェイのノーベル文学賞受賞に貢献した作品。年老いた漁師サンチャゴは、魚が84日間に1匹も釣れなかった不運を断ち切れるのではないかと希望を抱き、メキシコ湾の沖に小舟で漕ぎ出します。そして針に食いついてきた巨大なカジキマグロと格闘します。

78. The Picture of Dorian Gray by Oscar Wilde（1891）

その肖像画に描かれていたのはドリアン・グレイ。彼の美しい容貌に魅入られた画家がそれを描いたのです。グレイはある貴族の説く快楽的な生活の価値に心酔し、自分の代わりに肖像画が年老いて朽ちていくようにと、自分の魂を売り渡しました。

79. The Pilgrim's Progress by John Bunyan（1678）

330年以上昔に書かれたにもかかわらず、この本は

絶版になったことがありません。キリスト教徒の人生のアレゴリーであるこの作品には、クリスチャンという名の主人公が「破壊の町」を出発して「天の都」にたどり着くまでの巡礼の旅が描かれています。

80. The Prime of Miss Jean Brodie by Muriel Spark (1961)

　型破りの教師ジーン・ブローディは 10 歳の女子生徒たち 6 人を自分のもとに集め、独特の教育を授けます。6 人はミス・ブローディのもとでその薫陶を受けつつ成長していきますが、やがてグループの崩壊の時が訪れます。

81. The Rainbow by D. H. Lawrence (1915)

　1840 年代から 20 世紀初頭までの、3 世代にわたるブラングェン家の人々を描いた作品。その誰もが外からの圧力のもとにあり、その圧力が彼らの人生と人格を形づくっています。

82. The Red Badge of Courage by Stephen Crane (1895)

　アメリカの南北戦争を背景とした小説。北軍の二等兵ヘンリー・フレミングは軍隊から逃亡し、臆病さゆえの恥辱を負って生きることになります。

83. The Scarlet Letter by Nathaniel Hawthorne（1850）
　姦淫の罪を犯したヘスター・プリンは、17世紀の厳格で情け容赦ないボストンで、私生児を抱えて生きていかねばなりませんでした。やがて消息を絶っていた夫が家に戻り、ヘスターの姦淫の相手をつきとめようと乗り出します。

84. The Sign of Four by Arthur Conan Doyle（1890）
　シャーロック・ホームズとその相棒ワトソンが登場する4つの長編小説のひとつ。ホームズは、まったく関係のなさそうなふたつの複雑な謎――ある大尉の失踪と郵便で届けられた真珠――を解決するよう依頼されます。

85. The Sun Also Rises by Ernest Hemingway（1926）
　サン・フェルミン祭で牛追いと闘牛を見物するために、フランスからスペインのパンプローナまで出かけていく、パリ住まいのアメリカ人・イギリス人たちを描いた物語。

86. The Thirty-Nine Steps by John Buchan（1915）
　スリルに富んだスパイ小説。主人公リチャード・ハネーは自宅のアパートで死体を発見したことから、戦争を始めてイギリス海軍を壊滅させようとする陰謀に巻き込まれていきます。

87. The Way We Live Now by Anthony Trollope（1875）
　1870年代のイギリスにはびこっていた財界のスキャンダルと腐敗を描くと同時に、当時のイギリスの階級社会とモラルの状況が考察されています。

88. The Wind in the Willows by Kenneth Grahame（1908）
　擬人化されたネズミ、モグラ、アナグマ、ヒキガエルたちが登場する、楽しい児童文学。川辺や立派なヒキガエル屋敷での冒険が描かれています。

89. Three Men in a Boat by Jerome K Jerome（1889）
　イギリスのテムズ川をボートでさかのぼりながら休暇を過ごす、3人の男と1匹の犬のコミカルな小説。中心となる筋はなく、数々の逸話、災難、人間の行動についてのユーモラスなコメントを集めた作品です。

90. To Kill a Mockingbird by Harper Lee（1960）
　1930年代のアメリカ南部を舞台に、人種差別と階級差別を当然視するおとなたちの態度の不条理さを、主人公の少女の視点から描いた小説。白人女性をレイプしたとして告訴されている黒人男性を、少女の父である弁護士が弁護しようとします。

91. Tom Jones by Henry Fielding（1749）
　主人公トム・ジョーンズのユーモラスな物語。トム

は出世を求めてロンドンに向かうなかでさまざまな出来事と出会い、多くのことを学んでいきます。

92. True History of the Kelly Gang by Peter Carey（2000）
　実在したオーストラリアの無法者ネッド・ケリーの生涯を、本人が書いたという設定で描いた作品。グレンローワンでの銃撃戦で逮捕されるまでの、その遍歴をたどっています。

93. Ulysses by James Joyce（1922）
　アイルランドのダブリンを舞台にした、ジェームズ・ジョイスの傑作。レオポルド・ブルームの妻モリーが不倫をした 1904 年 6 月のある一日に、ブルームとスティーヴン・ディーダラスに起こった奇妙な出来事が描かれています。

94. Under the Volcano by Malcolm Lowry（1947）
　ふたつの火山のふもとにあるメキシコの小さな町クワウナワクを舞台にした、アルコール依存症の元英国領事ジェフリー・ファーミンの物語。

95. Underworld by Don DeLillo（1997）
　1951 年のジャイアンツ対ドジャースのペナントレースの最終戦から始まり、1950 年代から 1990 年代に至る、キューバのミサイル危機、東西冷戦、核の拡散、

アメリカ文化を描いたドキュメンタリー的な小説。

96. U.S.A. (Trilogy) by John Dos Passos (1932)
　The 42nd Parallel, Nineteen Nineteen, The Big Money の3部から成る、1,000ページを超す超大作。第一次世界大戦の戦前から戦後までの日常生活を描き、社会や経済がそれぞれの時代をどのように動かしたかに重点が置かれています。

97. Vanity Fair by William Thackeray (1848)
　生まれも性格もまったく異なるふたりの女性、アミーリア・セドリーとベッキー・シャープが、19世紀前半イギリスの男性中心社会に立ち向かいながらたどる運命を描いた小説。

98. Voss by Patrick White (1957)
　19世紀のオーストラリアを舞台としたラブストーリー。主人公のヴォスとローラはほんの数回会っただけで、その後は大陸によって隔てられていますが、ふたりの愛は深く、尽きることがありません。

99. Wuthering Heights by Emily Brontë (1847)
　キャサリンとヒースクリフの情熱的な愛の物語。キャサリンの兄は、妹に対するヒースクリフの愛を決して認めず、ヒースクリフを容赦なく痛めつけ、辱め

す。数年後、裕福になって戻ってきたヒースクリフは復讐を実行に移します。

100. Zuleika Dobson, or, an Oxford Love Story by Max Beerbohm（1911）

　魅力的な元家庭教師ズリイカ・ドブソンについてのウィットに富んだ小説。ジューダス・カレッジの学寮長である祖父を訪ねてオックスフォードにやって来たズリイカは、たちまちオックスフォード中の人気者になり、恋の苦悩に陥る男性はあとを絶ちません。

Column 9 献辞

　小説には、物語とは関係のないページがふたつ添えられていることがあります。ひとつは謝辞のページ。これは本の冒頭か巻末にあり、執筆に貢献してくれた人々への感謝を述べたものです。もうひとつは献辞のページで、こちらは必ず冒頭にあります。作家たちの多くは献辞のページを真面目に受け止め、その小説を家族や親しい友人に捧げています。ところが献辞でふざけてみせる、いたずら好きの作家もいるのです。

　たとえば Mark Twain は *The Adventures of Huckleberry Finn* の献辞に、この本をあまりクソ真面目に扱わないようにという警告を書きました。

Persons attempting to find a motive in this narrative will be prosecuted; persons attempting to find a moral in it will be banished; persons attempting to find a plot in it will be shot.

BY ORDER OF THE AUTHOR.

　この物語のなかに主題を見つけようと試みる者は起訴される。モラルを見つけようと試みる者は追放される。プロットを見つけようと試みる者は銃で撃たれる。作者の命令により。

イギリスのコメディアン Spike Milligan は *Silly Verse for Kids* という本を書き、いつも気にかかっている大切なことにその作品を捧げました。
This book is dedicated to my bank balance.
　本書を私の銀行の預金残高に捧げる。

　ユーモア作家 P. G. Wodehouse も、忘れ難い献辞を書いています。私のお気に入りは *The Heart of a Goof* の献辞で、以下のとおり。
To my daughter Leonora, without whose never-failing sympathy and encouragement this book would have been finished in half the time.
　わが娘レオノーラに捧げる。その絶えざる思いやりと励ましがなかったなら、本書は半分の時間で仕上がっていたであろう。

　しかし、もっと笑える献辞もあります。ファンタジー・SF作家 Robert Paul 'Tad' Williams は、その Otherland シリーズの5冊すべてに、父親への連続した献辞を書き、献辞のページに新たな次元をもたらしました。
Book #1: This Book is dedicated to my father Joseph Hill Evans with love.
Actually Dad doesn't read fiction, so if someone doesn't tell him about this, he'll never know.
　第1巻：愛をこめて、本書をわが父ジョーゼフ・ヒ

ル・エヴァンズに捧げる。

　実は親父はフィクションは読まない。だから誰かがこのことを教えてやらなければ、親父がこれを知ることはない。

Book #2: This Book is dedicated to my father Joseph Hill Evans with love.

As I said before, Dad doesn't read fiction. He still hasn't noticed that this thing is dedicated to him. This is Volume Two – let's see how many more until he catches on.

第2巻：愛をこめて、本書をわが父ジョーゼフ・ヒル・エヴァンズに捧げる。

　前にも言ったように、親父はフィクションを読まない。親父はまだ、これが自分に捧げられていると気づいていない。これは第2巻だ——親父が気づくまであとどれだけかかるか、見てみようじゃないか。

Book #3: This is still dedicated to you-know-who, even if he doesn't.

Maybe we can keep this a secret all the way to the final volume.

第3巻：本書も相変わらず例のあの人に捧げる。たとえ彼が気づかなくても。

　私たちはこれを最終巻までずっと秘密にしておけるかもしれない。

Book #4: My father still hasn't actually cracked any of the books – so, no, he still hasn't noticed. I think I'm just going to have to tell him. Maybe I should break it to him gently.

第4巻：父は実際、まだどの巻も開いていない——だから、そう、まだ気づいてはいないのだ。父に話してやるしかなさそうだ。穏やかに伝えてやるのがいいだろう。

Book #5: Everyone here who hasn't had a book dedicated to them, take three steps forward. Whoops, Dad, hang on there for a second…

第5巻：さあ、本を捧げられたことのない人はみな3歩前に出て。おっと、親父はちょっとそこから動かないで……。

Column 10 アメリカ英語 vs. イギリス英語

　アメリカ英語とイギリス英語には大きな違いがあると考えられていますが、どちらも同じ言語であるわけですし、違いはごくわずかでしかありません。実際、ときどき綴りの異なる語（たとえばcolorとcolourなど）があることを除けば、ネイティブスピーカーではない読者の場合、同じ小説のアメリカ版とイギリス版を見分けることは、ほぼ不可能でしょう。とはいえ、あるものを指す語が異なるケースも、いくつかあるにはあります。もっとも大西洋の両側で、どちらも通用しているので、ネイティブスピーカーにとってはまっ

たく問題ありませんが。ここではおもな違いを一覧にしてみました。

US	UK	
French fries	chips	フライドポテト
chips	crisps	ポテトチップス
cookie	biscuit	クッキー／ビスケット
biscuit	scone	スコーン
first floor	ground floor	1階
elevator	lift	エレベーター
apartment	flat	アパート
truck	lorry	トラック
hood	bonnet	(車の) ボンネット
trunk	boot	(車の) トランク
sidewalk	pavement	歩道
gasoline	petrol	ガソリン
restroom	lavatory	トイレ
eraser	rubber	消しゴム
garbage	rubbish	ゴミ
pants	trousers	ズボン、パンツ
sneakers	trainers	スニーカー
stroller	pram	乳母車
baby buggy	pushchair	ベビーカー、バギー
vacation	holiday	休暇
flashlight	torch	懐中電灯

あとがき

　英語の文学の旅に出かけよう——本書の最後までたどり着いたみなさんが、そんな気持ちを抱いてくださることが、私の心からの願いです。原語で本を読むことは、言葉の技術を磨くのに役立つだけでなく、非常に楽しく、また、達成感を与えてくれます。さらに、読書によって英語に磨きをかけようと決心したのなら、そんな皆さんに朗報があります。

　バイリンガルであることが認知症の発症を遅らせることに有効かどうかについての研究が、最近、カナダとインドで行われました。そしてどちらの研究でも、性別、育った場所、教育、職業に関係なく、あらゆる種類の認知症の発症が4、5年遅れることが明らかになったのです。

　また、欧州委員会の教育文化総局によって行われた調査の結果が、2009年7月に *The Contribution of Multilingualism to Creativity* というタイトルで発行されました。マルチリンガルであることと創造性のあいだに何らかの関係があるかどうかを調査したこの研究によれば、言語をもうひとつ学ぶことによって、脳は8通りの恩恵を受けるというのです。ひとつめの恩恵はそれほど驚くほどのものではありませんが、残りの7つ

を見ると、バイリンガルであることには計り知れない利点があることが示されています。その8つの恩恵の概要は以下のとおりです。

1. 新しく習得した言語でコミュニケーションができるようになる

　英語またはその他の言語を学ぶことによる第一の利点は、その言語でコミュニケーションをとることができるようになり、幅広く世界の人々と関係を築くことができること。

2. 脳の電気活動が変化する

　脳の機能の変化は、学習者が新しい言語で高いレベルの能力を身につけたときのみ生じるとそれまで考えられていたが、この研究の結果、ごく初期の学習段階から変化が生じうることがわかった。

3. 記憶力が向上する

　言語の学習により、記憶力、特に短期の記憶力が向上することがわかった。その分、思考のプロセスが活発になり、脳はより長く情報をとどめておけるようになるので、これは非常に大きな利点である。

4. 思考の柔軟性が向上する

　研究の結果、記憶力が増すことによって思考経路が開放的になり、多様な思考が可能になる。つまり、言語の学習は脳を柔軟で明敏に保つのに役立つ。

5. 問題処理能力が向上する

言語の学習により、次の領域における問題処理能力が向上する。抽象的思考、概念形成、創造的な仮説設定、問題の識別・理解・処理、無関係あるいは本筋からそれたことを除去して課題に集中、複数の課題を並行して処理。

6. 言語の働きと用法への理解が増す

　言語の働きと用法への理解が深まることにより、社会の情勢を読み解く能力が増し、社会におけるパフォーマンスが向上する。

7. 脳の機能の低下を防ぐ

　研究によれば、マルチリンガルの人は、認知症をはじめとする加齢に伴う認知機能の低下が進行しにくい。

8. デジタルリテラシーの能力が向上する

　これらの利点のすべてはひとつの利点に集約される。それはデジタルリテラシーの能力の向上である。これらの能力が活性化することにより、マルチリンガルの人は現代のテクノロジーに遅れることなくついていくことができる。

　ご覧のとおり、英語の学習を続けていくべき理由はこんなにたくさんある、というわけです。そしてその方法としては、英語の学習を楽しい趣味にしてしまうことほど、よい方法はありません。読書はあなたの語学力を磨くだけでなく、あなたをさまざまな文化に招き入れてくれるのですから。

では、よい旅を！

2016 年夏

クリストファー・ベルトン

ちくまプリマー新書 259

楽しく習得！英語多読法

二〇一六年七月十日　初版第一刷発行

著者　　クリストファー・ベルトン
訳者　　渡辺順子（わたなべ・じゅんこ）
装幀　　クラフト・エヴィング商會
発行者　山野浩一
発行所　株式会社筑摩書房
　　　　東京都台東区蔵前二-五-三　〒一一一-八七五五
　　　　振替〇〇一六〇-八-四一二三三
　　　　株式会社精興社
印刷・製本

ISBN978-4-480-68960-3 C0282　Printed in Japan
©CHRISTOPHER BELTON/WATANABE JUNKO 2016

乱丁・落丁本の場合は、左記宛にご送付下さい。送料小社負担でお取り替えいたします。
ご注文・お問い合わせも左記へお願いします。
〒三三一-八五〇七　さいたま市北区櫛引町二-一六〇四
筑摩書房サービスセンター　電話〇四八-六五一-〇〇五三

本書をコピー、スキャニング等の方法により無許諾で複製することは、法令に規定された場合を除いて禁止されています。請負業者等の第三者によるデジタル化は一切認められていませんので、ご注意ください。